稲盛イズムの根源を探る

――50代の肉声に聞く

加藤勝美

南方新社

はじめに

この本は一九八四年に、当時の日本青年会議所の機関誌『50億』編集部（後継誌は『WE BELIEVE』）からの依頼で翌八五年の一年間、「稲盛イズムの根源」というタイトルで連載したものに少し加筆修正し、再録したものです。

私は七九年一二月に『ある少年の夢　京セラの奇蹟』（現代創造社）を上梓しており、当時、稲盛さんと京セラについて書ける物書きは私しかいない時期でした。同書はちょうど京セラ設立二〇年目の年に刊行されており、京セラのいわば疾風怒濤時代を再現しようとしたものです。その後も、京セラの発展変貌は激しく、『50億』の連載のため何度か稲盛さんに改めてインタビューをしました。連載を始めたときは稲盛さんが五二歳。現在（二〇一八年）八四歳、京都賞の国際的な知名度の高まりもあって、今や〝世界のイナモリ〟となりましたが、現役経営者時代の肉声を聞くことができる中身だと考え、再録することにしました（肩書および地名は当時のもの）。

また、付録として掲載した「自己の能力を私有しない心」は、一九七三年の第一次石油ショック後、ゼロ成長時代と言われていた時期、私が編集長を務めていた雑誌『経済と文化』（現代創造社）七五年一一月号に掲載したもので、この時が稲盛さんとの初めての出会いでした。これは「ゼロ成長時代をどう生きる」というタイトルで関西の主要企業トップ何人かを取材したものの一つです。「こんな経営者がいるのか」という驚きが、「稲盛さんについて書く最初の人間になりたい」という思いを生み出した印象深いインタビューです（当時、私は三八歳）。雑誌に掲載されただけですから、現在の京セラ経営陣、社員が初めて目にするものです。

稲盛イズムの根源を探る——目次

装丁　大内 喜来

第一章　出会い

「稲盛さん、私はあんたの話を聞いて感じるものがありましたよ。だから、仕事をやってもらうことに決めました。しかし、金に使われるようなことをしてはいかんよ。私は君に惚れたから会社を作ってあげるけれども、君を中心に集まった人たちみんなの会社なのだから、みんなが株を持ってがんばりなさい」（京セラ創業の恩人の一人、西枝《にしえだ》一江《いちえ》の言葉）

「出会いにおける心の触れ合いが好意を呼び、善意を集めて会社を作ったような気がします。現在一四〇〇名、夜一〇時、一一時までがんばっている社員が大半ですが、われわれの努力が今日を作ったのではなく、人生における出会い、そこで生まれる心の交わり、それが人の善意、好意を、協力を得られる環境を作っていたのではないかと考えております」（昭和四七・一九七二年、本社新社屋竣工式で）

人々のおかげで、今の自分が存在する

稲盛には、「自分の能力を私有してはいけない」という考え方がある。京セラ創業の頃からそれは少しも変わっていない。それは、「シーザーのものはシーザーに」という西欧社会の個人主義とは質を異にしている。稲盛がそう考えるのは、今ここにいる自分は自分の力によって成ったものではなく、森羅万象を含むさまざまな偶然によってもたらされた存在に過ぎない、という自覚があるからである。

それは、さまざまな人びととの出会いによって自分の人生が作られて来たのだという感謝の心、と言いかえてもいいかもしれない。昭和四八年、稲盛は招かれて京都経済同友会で、一二年前に二部上場した新進の経営者として講演をしている。その冒頭、

「皆さんにお話しするようなことは何もやっておりませんで、まったく偶然に仕事がうまくいったという感じが致しております」

と述べている。これはだれもがよく口にする謙譲の常套句にすぎないのだろうか。

稲盛和夫は昭和七（一九三二）年一月、鹿児島市に生まれた。家は家族労働による住居兼用の小さな印刷工場で、三つ上の兄がいた。父は明治四〇年、母は四三年生まれ、どちらも小学校しか出ていない、当時の平均的な庶民である。二六年、鹿児島大学工学部に入学。三〇年、京都の碍子メーカー松風《しょうふう》工業に入社。当初研究部門に配属されて当時製品化され始めたばかりのファイ

ンセラミックの研究に携わり、商品化に成功してその製造にも自ら当たった。その仕事ぶりと能力は社内の瞠目の的となったが、商品開発をめぐって上司と衝突、三三年に退社。翌年四月、松風時代の上司二人と部下数人の同志らと「京都セラミック」を設立した。二七歳だった。

先の経済同友会の講演と同じ年に、稲盛は新聞記者のインタビューに対して、松風体験と京セラの社長として新入社員に何を語りかけているかについてこう答えている。

「大学を卒業した年は就職難で、家は貧乏で妹や弟が何人もいた。やっと就職しながら一年半ほどの間に同期入社の大学生五人はボロ会社を見限って私以外は皆辞めていった。自由な大学生活と会社勤めの間にはギャップがあって、皆寄るとさわると、辞めたい辞めたい、という話ばかりだった。私は地方大学出で再就職が難しく、家に仕送りもしないといけないから辞めるに辞められない。逃げられないその場に情熱を注がざるをえなかった。

新入社員には、『社会人とは』『人生とは』『生きるとは』ということを自問自答させる問題提起をしている。学校を出て、自分だけが良くなるというのではあまりに見すぼらしい。少しずつでも周囲のため社会のため何かを返していかなければならない。なぜ働くのか、なぜ企業に入って来たのか、それを考えてもらう過程で彼らなりのフィロソフィー（哲学）を形成してもらう」

「あなたにはフィロソフィーがある」

稲盛のサラリーマン体験、つまり松風工業時代は三年足らずだったが、その二三歳から二六歳の間にいくつかの出会いを稲盛は持っている。その一人は上司の青山政次《まさじ》である。明治三五（一九〇二）年生まれ、昭和三（一九二八）年に京都帝大工学部を卒業して松風に入社、稲盛が特磁課でファインセラミックの製造に当たっていたときの部長だった（現京セラ監査役）。

青山は語る。

「二度と出てこないと思うくらいの人物だ。その時々に打つ手打つ手が尋常一様ではない。給料遅配が慢性化して銀行管理の下にあった松風だから皆いいかげんな仕事ぶりをしていたが、稲盛は主任として二〇人弱の部下にまじめに仕事をさせていた。松風を立て直そうと全力を注いでいた。ただ、仕事を進めて行く上で課長ともめていたから、私は、稲盛の上に人を置いてはいけない、思う存分やらせた方が、いいことを成し遂げる人物だと思った。彼を上から指図できる人間はそうざらにはいない」

京セラの発展過程は、この青山による稲盛の〝発見〟の確かさを裏づけている。

松風の碍子を輸出していたのは当時の第一物産（三井物産）だったが、傾きかけた松風の立て直しに物産から派遣された調査団の団長に吉田源三という人物がおり、ある時、名指しで稲盛に会いたいと言って来た。稲盛は訳がわからぬままに、指定された新大阪ホテル（大阪市北区中之島の関西電力本社近くにあった、当時大阪では格式の高い最高級ホテル）へ出向いた。セラミックの製造現場から直行したから泥まみれの菜っ葉服に運動靴という格好で、金モールの制服を着たボーイにうやうやしく迎えられ、深々としたじゅうたんに足を取られそうになりながら、ソファーに腰を下ろして待っていた吉田と対面した。松風の現状についての稲盛の考えなどに耳を

傾けていた吉田は突然、

「あなたにはフィロソフィーがある、偉い！」

と叫んだのだった。

そして、松風工業を退社することになった稲盛を、青山は大学時代の友人で一年先に松風に入社していた西枝一江に引き合わせた。西枝は青山と同様、稲盛に惚れ込み、自分の家屋敷を抵当に入れて金を工面し、倒産するかもしれぬ京セラの設立を全面的に支援した。後年、稲盛は当時のことをこう語っている。

「設立の当初から私を中心にした数名の者が集まって企業を始めるという形を取った。パートナーシップ、仲間意識、同志としての意識というか、そういうもので結集せざるを得なかった。私の家が裕福で金があって社員を募集したのであれば会社の形態そのものも変わっていたかもしれないが、幸いにして金がなかったから、パートナーと一緒に仕事をする形で始まった」

京セラ社員との出会いのエピソード

昭和四〇年、社員三〇〇人の京セラにＩＢＭから一億数千万円の注文があり、京セラは一つの飛躍の時期を迎えるが、稲盛はこの年の創立七周年式典の席上、次のように述べている。

「今日までの素晴らしい発展は社員の一人に至るまで善意と真心でもって固く結ばれ、仕事に対して勇気と情熱を注いで来た結果であると思っています。一般の会社には見られぬこの人間関係が、現在の京セラをもたらしたものであるならば、私は今日の隆昌の姿を喜ぶよりは、この人間関係そのものを心から喜びたい」（傍点筆者）

　これはもしかしたらきれいすぎる言葉かもしれない。しかし稲盛にはそう言い切ってはばからない自信があった。一人一人の社員とそのような出会い方をしているからである。昭和五五、六年頃、稲盛は社員にこう語っている。

「昔なら年末のコンパに出て一生懸命しゃべる。いいかげんにしないから、ものすごいエネルギーを使う。すごく消耗する。言葉という媒体を通じてエネルギーを注入している感じがする。だから相当わからず屋の人でも分かってくれるようになって来た」

「事の是非を超えて聞かしめる。聞かざるを得ないようにする。部下に話をするとき軽い話なんてのはだめで、能もないし芸もないけれども必死だ、そういうことだけはひしひしと伝わるような話し方をしなければ、何かをしようとする場合には絶対に通じない」

　これを社員の側から見るとどうなるか。

　ちょうど四一年入社の社員N・Sの談話がある。彼が面接に行ったとき、本社はまだ木造二階建て、現れた稲盛は、

「徹夜仕事でひげも剃《そ》っていません。誠に済みません」

と詫びを言ってから、当時ようやく知られ始めたばかりのICについて語り始めたという。

「どうやって作るのか、どう応用するのかを、入社するかどうかも分からないわれわれに熱心に説明をする。その情熱がビンビン伝わって来る。『こんな素晴らしい人もいるんだなあ』と感

心し、家に帰ってから母に『こういう人のいる会社に入社させてもらえるような感じが何となくする』と話した」

同年入社のY・Y。彼は新製品の製造を言いつけられるが、以前似たような物を作ってはいても用途、寸法、価格が皆違う。稲盛は、

「お前、これできるな、やってくれるな」

と迫って来る。その時、少しでも迷いや疑問があればどうしても顔に出る。すると稲盛は、

「やる、と言っているが本心から思っていない。それではできん」

と、Yが腹の底から納得するまで対面し続けたという。その間、稲盛はエネルギーを注入し続けたことになる。

四〇年入社のH・S。

「社長に触れて来たことで今の自分があるということを痛切に感じる。素晴らしい出会いをしたというより拾われたと思っている。めぐり会った人によって幸、不幸が決まるのではないかと思える」

価格に込められた経営の心

エネルギーの注入は単に話すという行為だけではなく、怒ることによってなされる場合もある。稲盛は〝怒る〟ことについて語る。

「人前で怒らないということはそこに遠慮があるからだ。兄弟の関係までいけばそういうことはない。かねがね、そこまでいくような愛情と付き合いがあったからできる。それは他人の領域なのか身内の中に入っているかの違いだ。奥の方へ呼んで怒る、あるいは二、三日考えて本人の自尊心を傷つけないように話をしようかと思っていると、それだけで一仕事になる。問題が起きたときその場で怒れば瞬間でかたがつく」

〝瞬間〟とは言いながら、掃除や机上の整理の仕方で一時間くらいこんこんと説教することは珍しくなかった。こんなエピソードもある。

社員が製品を持って急いでいるとき稲盛とぶつかりそうになったが、そのまま行き過ぎようとしたので稲盛はその社員をぶんなぐった。そのため製品は落ちて割れてしまった。気色ばむ相手に稲盛はこう言った。

「品物はまた作ればできるが、お前のそういう態度を直さない限りいい品物はできん」

しかし怒るだけではない。ある社員は言う。

「社長の極端な二つの表情が印象深い。叱る時の表情は本当に凄い迫力がある。仕事で少しでもうまく行った報告をした時の、にこっとされるあの何とも言えない本当に嬉しそうな顔。この魅力に引っ張られて今日まで続いて来たような気がする」

稲盛は、喜怒哀楽の中に自分の全人格をぶち込んでいると言っていい。それは日々を生きるということに懸命であるからだろう。稲盛にとって、経営とは自分の生きざまそのものなのである。

昭和五〇年頃、ソ連のセラミックの製造プラント輸出の件で稲盛に同行したT・Kの語るエピソード。先方が無形のノウハウをできるだけ安く買おうとする態度を取るので、稲盛は、

「こんな値段では絶対売れない、それでは社員に対して申しわけない」

と断固とした態度を見せた。T・Kは、

「いつもわれわれのことを考えてくれる人だ」

と痛切に思ったという。

昭和四三年、松下幸之助は松下電工五〇周年式典の席上、次のように述べている。

「私のいう一本筋の通った経営とは、価格の上に正当な主張を盛り込むということである。商品に込められた全員の汗と脂は正しく評価しなければならない。いたずらに値を引くことは、それを作るために心をこめた全従業員の労作に傷をつける、あいすまぬ行為である」（傍点筆者）

これは偶然の一致ではない。二人の創業経営者の人生に対する態度そのものの共通性が生み出した一致である（稲盛は幸之助との出会いを持っているが、それについてはいずれ触れたい）。

鹿児島時代の出会い

一九八四年五月、NHKの教育テレビ「訪問インタビュー」で稲盛はこんなことを話していた。

「私は幸せだと思う。一介の技術屋が事業をして社員が一万二〇〇〇人に増えて多くの方が、会社に入って良かったと思っていただいているようでございますから、人のために尽くしてあげ

られるのは、この世に生を享《う》けてたった一回しかない人生の中で一番大事なことではないかと思っています。今後とも私自身が傲慢になったり変心しないでこういう状態のままでいけたらな、と思うと同時に、今パッと死んだら幸せなんだろうなぁと思います」

京セラが株式市場二部に上場したのは創業一二年後の昭和四六年一〇月（稲盛三九歳）で、三年後に一部に昇格している。これを記念して朝礼のとき、全社員が拠金した約三二万円で稲盛に感謝状とともに京人形が贈られた。突然のことでもあり、このとき稲盛はほとんど涙せんばかりであったという。当時、事業所は工場が滋賀、鹿児島の川内《せんだい》と国分、それに東京営業所と本社、社員数二四〇〇人の頃で、後日、稲盛は全社員に一袋一〇〇〇円のしば漬をお返しとして贈った。

稲盛は、松風工業に入社する以前はずっと鹿児島で生活しているが、この鹿児島時代にもいくつかの出会いを持っている。

小学校を卒業して鹿児島市内で一番いい鹿児島一中を受験したが失敗し、仕方なしに高等小学校へ進んだが結核になってしまった。その時学校の土井という先生が家までやって来て一中の再度の受験をすすめてくれた。しかしこれも失敗し、私立の鹿児島中学に進んでいる。

中学一年のとき、担任の斎藤先生は通信簿の備考欄に「将来非常に見込みがある」と書き込んでくれた。小学校時代はハナたれ小僧たちの餓鬼大将として過ごして卒業時の成績は全乙、中学の受験を二度も失敗しているから、それまで勉強のことで一度もほめられた経験がなかった。この斎藤先生の一言が稲盛少年への素晴らしい暗示となり、以後、勉強に力を入れていくことになった。

鹿児島大学四年のとき稲盛は粘土に関する卒論を書いたが、その頃、東大工学部電気化学出身の内野正夫という先生が鹿大に赴任して来た。稲盛の卒論発表を聞いた内野は後日、稲盛に、「あの論文と説明は東大生より素晴らしい、あなたは素晴らしいエンジニアになりますよ」とほめてくれた。そして松風に入社した稲盛をいろいろと励ましてくれることになるのだが、あの「君にはフィロソフィーがある」と叫んだ吉田源三は、内野の大学時代の親友であった。

こうした出会いの中で稲盛は相手から鼓舞され、エネルギーを注入されて来た。私たちも人生において何度かそうした人、言葉に出会っているはずなのだが、心を開いていないためにそこからエネルギーをもらえなかっただけかもしれない。

第二章　集団の幸せ

「会社を作りましたとき、私が持っておりました技術というものが一つの大きな武器で、それを基礎に会社を作ったのですが、その技術が優秀ということだけでここまで来られたのではないのです。その時に一番大事にしましたのは、素晴らしい仲間を求めるということです。お金も技術も重要ですが、技術なんてものは日進月歩ですから、その時いかに強いと思った技術でもたちまち陳腐化して行くのが今の時代です。

お互いに心が通じ、さらに信じ合える仲間とであればどんな苦労だってできそうな気がするものですから、あるときには〝同志〟と呼んだり、極端な表現のときには〝惚れた同士〟やないかというふうな表現で表せるような人間関係を主力武器にしてやっていこう、われわれはこの集団のために、私もこの集団のために、そういう方向しか生きる道がないんだと信じ込んでやってきた感じがします」（昭和四八・一九七三年、筆者のインタビューに答えて）

「会社に入ってよかった」と言われる経営

稲盛が京セラを設立したのは昭和三四年、二七歳のときだった。それ以前、三〇年から三三年まで、当時、京都にあった碍子メーカー、松風《しょうふう》工業で技術者として、その頃に注目され始めたばかりの〝特磁〟つまりファインセラミックの研究開発に当たり、開発した商品の製造にもたずさわった。だが、会社は銀行管理下の赤字会社で給料遅配は慢性化し組合のストライキが頻発していた。

「年に三回くらいストがあるんですが、いろんな考え方があり、組合の中でもお互いが信じられないんですね。もちろん、経営者との間はストが済んで和解をしても表面上だけであって、心の中はまったく不信感しかなく、お互いが信じられない雰囲気でした。外にあっては同業者がたくさんおり、熾烈な競争をしなければならないのに、社内はさむざむとした人間関係、これではやってられない、そういう気持ちがありましたから、会社を自分で始めたときから、人の心をベースにした経営ということを考えました」（稲盛）

松風工業で、遅配している給料がやっと出るという日、支給される時間が来るまでみんなを集めて野球をしたり、自分とあまり年齢のちがわない部下たちと人生について論じたり、稲盛はいつも集団の中心にいた。

京セラは稲盛を中心とする幹部八人と新たに雇った二〇人の中学卒業生たちでスタートした。

当時の中学生たちは「会社の経営者は労働者から搾取するものだ」と教わってきていた。工場は借りた木造倉庫で、食堂もないし遊ぶ場所もない。道路でキャッチボールをしていたとき、球が近くの煙草屋に飛び込んで店のお婆さんから大目玉を食ったこともある。

「この二八人を、この事業を通じて、どうしたら幸福にできるだろうか。私が財産を持ち、自分で事業を起こして、私が儲かるために雇ったわけではありませんから、本当にみんなが会社に入って〝よかった〟と思ってもらえるような経営ができるだろうか、という不安感と使命感だけでした。

私が金持ちになるために人をこき使っているというのではないし、貧富の差があるということも嫌でしたから、そういうことでは彼らと話が合うわけです。ところが、資本主義社会では、資本家というものは口ではそういうことを言うけれどもそれはカモフラージュに過ぎなくって、内心はそうではない、だから信頼できない、となるわけです。ですから信頼できるかどうかは今証明のしようがないから、私の行動を見ていてくれ、本物か偽物か、ずっと注目していてくれ、と話していきました」

社員の物心両面の幸せ

しかし、やがて〝事件〟が起きる。創業の翌年、高卒生八人が新たに入社、彼らは何も分からなかったがどんどん責任ある仕事を任され、一年目にして会社にはなくてはならぬ存在になった。

そして彼らもまた「うまいこと言うて使いよる」と思った。彼らが学校で学んだことからすれば、稲盛のようにきれいごとを言う経営者こそ眉つばものであった。

稲盛たちは京セラを作るとき、誓紙血判をして盟約しており、その話を聞いた高卒者たちも自分たちの結束の固さを誇示するための血判を押した申し入れ書をたずさえて、稲盛に話し合いを求めてきた。

その言い分は、会社がこの先どうなるか不安でたまらないから、毎年どのくらい昇給し、どのくらいボーナスをもらえるのか、約束をしてほしい、賃上げは物価上昇に見合うように——などとあり、一項目でも欠けても勤めているわけにはいかないというものだった。

「私は当時、個人のお金としては一万五〇〇〇円しか持っておりませんでした。会社も明日のことなどわからずその日を精いっぱい生きているというだけでしたから、何年先のことまで保障せよといわれたのは大変なショックでした」（稲盛）

稲盛は、保証はできないが、と次のように自分の考えを話した。

「要求通りにはできない、と言えば、経営者としてはおかしいと言うかもしらんが、今できると言えばそれは嘘になる。約束はできないけれども必ずお前たちのためになるようにするつもりだ。それを信じてみないか。一緒に働いてみて、騙す男か騙さん男か確かめて、騙されたと思ったら俺を殺してもいい」

話し合いは、会社で、稲盛の自宅でと三日三晩続き、高卒者たちは会社に残った。難問が起こったとき、自分の全存在を賭けて問題にぶつかり決して逃げようとはしない稲盛の生き方がここでも示された。

「その時感じたことは、企業というのは経営者自身も明日のことが分からないのに、社員は終身雇用のため、自分とその家族の生活の保障を求めているということです。そのことを初めて知ったわけです。技術屋のロマンや夢を実現してみたいなどというのは実は大変なことで、従業員の犠牲の上にそういう花を咲かすことはできません。

そこで、そういう夢を追うよりは、現在はもちろん将来にわたってみんなの生活を守るということが経営のもっともベイシックな目的でなければならない、ということに気がつきました。その時から私は、家族を含めた社員の物心両面の幸せを追求するということを経営理念として掲げました。今考えてみてそのことが非常に良かったという気がしております」

この高卒者たちの〝反乱〟があった翌年の三七（一九六二）年八月、自社製品の売り込みのため稲盛は初めてアメリカへ渡ることになった。

全社員一二〇〇名がホンコン旅行に

それまで稲盛は洋式便所というものを使う機会がなかったので、わざわざ東京の公団住宅に住んでいる友人の家に泊まって使い方を覚えての渡米だった。

幹部数人が泥に汚れた作業着のまま、東海道線の夜行列車に乗って羽田まで見送りに出、二歳の長女と妻の見送りも受け、送るも涙、送られるも涙という中で稲盛を乗せた飛行機は飛び立ったが、その時食べた機内食が何とも言えずうまかった。技術屋として長年の夢であったアメリカ行きが現実のものとなりつつある。

「何と素晴らしい旅なんだろう。苦労をともにしてきたあの連中にもこの味を味わわせてあげたい。俺だけではもったいない」

そういう思いが稲盛をとらえた。一カ月間の滞在はさして見るべき成果を挙げず、カルチャーショックもあって激しい頭痛に悩まされ、「もう二度と来るものか」と思っての帰国だったが、会社に帰り着くやいなや稲盛はこう言った。

「みんなを飛行機に乗せてアメリカへ連れて行きたい」

聞いた一同は、

「またまたオーバーなことを言わはる」

と笑ってしまった。

しかし、「そのオーバーなこと」は一一年後の昭和四八年（二部上場の二年後）全社員一二〇〇名のホンコン旅行として実現した。当時の新聞や週刊誌は、高株価企業のにわか成金の大名旅行として大々的に報道した。

「前の年は不況やら公害やらでうっとうしくなっていましたから、その時の正月に、『来年の正月ぐらいは海外で正月を迎えることをやってみてはどうか、それにはやっぱり原資がいるからがんばろうじゃないか』と冗談半分に言ったんです。その時掲げた売上目標が達成されましたから、約束は守ろう、それが信頼だ、と思い切ってやりました。

世間一般の方は、宣伝効果もあるし、うまいことやりよったな、と言うわけです。つまり業務政策上、または人心掌握のための一つの手段として見たわけです。しかし、われわれの場合、もっともっと根本的な、心という問題までさかのぼるわけです。みんながよくやってくれるから、そうしてあげたいなと思うわけです。

私の最初のアメリカ旅行後、幹部連中は仕事で海外へも行くようになりましたが、工場には五〇歳ぐらいの社員も、農業をやっていた中途採用のおばさんも、掃除のおばさんもいる。そういう人たちは生涯かけても行けることはありませんよね。それで、連れてってあげたい、そういう気持ちが出たわけです」

〝幸せ〟を分かち合う心

稲盛が〝集団〟というとき、京セラの事業所がある地域社会を含めて考えることもある。最初のアメリカ旅行の翌年、三八年、滋賀に初めて自前の土地と建物の工場ができるが、この年、本社のある京都市と滋賀工場のある蒲生町《がもうちょう》で会社を挙げて歳末助け合い運動に参加している。その趣意書にはこう書いてある。

「おかげで今日ようやく従業員二〇〇名を数え、中小企業の仲間入りが出来、一応会社らしくなり、われわれの生活も少しは楽になって参りました。これはひとえにわれわれ周囲のすべての人々の好意によるものと感謝いたしております。一寸先もどうなるかわからず生活も不安定だった創業当時の苦しかったことを偲び、現在でも数多くの不幸な方々のあることを思い……」

社員から集まった金額とほぼ同額を会社が出して寄付をし、蒲生町では〝町始まって以来の美挙〟と言われた。

昭和四四年、稲盛は母校の鹿児島大学に稲盛奨学資金を贈り、地元では〝苦学青年社長の美挙〟として大いにほめたたえられたが、それがきっかけで鹿児島県の川内《せんだい》市に、滋賀に続く二つ目の工場がこの年、建設された。その竣工式の前に大水害が川内地方を襲い、式ができなくなった。稲盛は式を取り止め、その式の予算すべてを市内の被災家族の救援資金に寄付している。

また、滋賀工場の近くで水害があったときも、蒲生町の被災家族にタオルや石けんを見舞い品として届けている。

川内工場が拡大するにつれて社員からいろいろな要望が出てくるようになる。先にふれたホンコン旅行があった年（昭和四八年）、稲盛は工場の幹部たちに次のようなことを怒りを込めて話している。

「社員には駐車場、運動場さらには住宅もほしいという者がいる。苦労をしたから自分だけがいい目をするというのであれば、馬鹿でもできる。貧しい人にも分けてあげるという心を持つことが大事なのだ。そういう度量のない心では、物心両面の幸せなどない」

この年は年商が二三九億円、従業員も二二〇〇人を超えるまでになっているが、稲盛はいろんな機会をとらえて、社員たちに自分の思想を伝えている。この年の大卒新入社員の入社式では、地域とのかかわりについてこう話している。

「社員とその家庭を幸せにしていけるようになったら、社会のおかげで育ってきたのだから、社会に何かを返していくことを考えようじゃないかということを創業以来言ってきている。ボーナスが出るようになると募金をして、会社の所属する地方自治体か福祉団体に寄付をし、会社が儲かってくると利益の一部をさいて寄付をしている。少しでも人のためになることをして死ねればいいのではないかと考えて今日に至っている」

一九八四（昭和五九）年、稲盛が私財二〇〇億円を投じて設立した稲盛財団は、翌年から世界で、①先端技術、②基礎科学、③精神科学・表現芸術の三分野において、すぐれた業績を挙げた人物に授与する稲盛賞（賞金四、五〇〇万円）*を実施するが、その根底にあるものは、これまで見てきたように京セラ創業期にまでさかのぼることができる。（*当時、賞金は一億円を予定していたが、ノーベル賞の賞金はそれ以下。ノーベル財団の要請でこの額となった。二〇一八年から一億円に増額。）

不況期を全社員で克服

しかし、京セラの発展が順調な一本道であったわけではない。昭和四八（一九七三）年、石油ショックの翌年、証券取引市場一部に昇格するが、その年、日本の経済は低成長期に入り、倒産、人員整理、工場閉鎖、一時帰休の嵐が吹き荒れた。京セラでも受注が月ごとに減り生産部門で余剰人員が発生するようになった。

稲盛は幹部たちに訴えた。

「氷河時代の中でツンドラ（凍土）に生えた苔《こけ》を食ってでも生き延びないといけない。体力をもっとも消耗しない行き方をしなければならない」

人件費の比率が急増した。四六年から四九年九月頃までは平均約一五％で推移していたものが、それ以降は倍以上の三二・五％に達するようになった。一時帰休を行うと政府から補助金が支給されるので、一時帰休を実施して人件費の負担を少しでも減らしたらどうかという意見も社内にあったが、稲盛はそういう〝お上に頼る〟道を取らなかった。そのかわり、余剰人員の問題を全社的な問題として、目に見える形で全社員の前に顕在化させるという道を選んだ。

工場は鹿児島県川内市に続いて四七年、同じ鹿児島の国分市にも建設されており、当時、滋賀を含めて三工場があった。稲盛は、各工場の事業部ごとに受注減に見合う人数を放出し、企画部門として総務の管轄下に入れて工場内には立ち入りを禁止とした。

「少なくなった仕事を従来どおりの人数でのんびりこなすことは、生産現場の喧嘩もしかねない張りつめた雰囲気をなくして、ひいては能率低下を来す。それでは受注が増えたときすぐ対応ができなくなる」

これが稲盛の考え方だった。こうして企画部門のメンバーは朝礼が終わると、敷地内の草むしりや溝の泥さらえ、研修会や勉強会を行った。

余剰人員を放出する責任者も、放出される方も辛かった。ただ、人員整理はしないという大前提があったから、辛うじてその辛さに耐えることができた。

当時、滋賀工場には約六〇〇名いたが、そのうち五〇名が企画部門に配属され、工場長の徳永秀雄がその指導にあたった（徳永は大学卒業後、松風工業に入社、京セラの設立に参画した一人）。徳永には、企画部門の部下たちの不安感がありありと伝わってくる。彼らが会社を休んで顔を合わせない方が気楽だった。しかし徳永は言い続けた。

「顔を見たら私も辛いしあなたも辛いだろうけれども出て来て下さい。出て来たら私が面倒を見てあげることができるけれども、休んだら何もしてあげられない」

こういった状態は約三カ月続いたが、これもまた〝集団の幸せ〟という稲盛の思想の一つの具体化であったと言うことができる。

第三章　大胆と細心

「泣き虫が泣き虫の点を直していった結果がこうなった。もともと豪傑であったのではなく、センシティヴでナイーヴで、小学校には一人で行けない時期もあった。今でも人を採るときに、ちょっと怖がるようなびくびくしたタイプを見ると〝こいつはものになる〟と思う。実は物を作るにはそういう感覚というものが必要なんだ」（社員とのコンパで）

「細心さを失わずに大胆にやる、ということが肝心です。ある瞬間には凄《すさ》まじく大胆でなければいけませんが、準備の段階でものすごく細心でなかったらその大胆さは生かしえないのです」

（昭和五六年の講演「成功する経営者の条件」から）

針の落ちる音が聞こえる工場

昭和五三年の暮れ近く、稲盛はコンパに出席するため滋賀工場（今の蒲生工場）をほぼ一年ぶりで訪れた。当時この工場には京セラの屋台骨を支えるセラミック事業部があった。一時期、本社を京都からここへ移したこともあり、創業四年目の三八年に操業を開始している同工場には良くも悪くも京セラの経営風土が色濃くにじみ出ている。

五、六〇人が集まる和室のコンパ会場であいさつに立った稲盛は、工場のまわりも工場の内部も〝美しくない〟ことを指摘した。

「機械はあい変わらずガタガタ言ってるし、ハイスピードの機械が入っているけれどもあまり採算は良くない。だがセラミック事業部全体の業績は非常にいい。『炉を替えましたから』と言うが、炉は金さえあれば買える」

つまり稲盛は、いい設備を導入さえすれば業績は上がる、という発想を否定している。続けて、「名投手はフォームが素晴らしい」という話をしている。

「いい成績を残す人はフォームも決まっている。工場のプレスがキイキイ言っているのは『手を入れてくれ』と機械が泣いているんですよ。機械の僅かの変化を鋭敏に感じ取れるように感度を高くしなければならない。セラミック事業部もそういうことが変わってくればもっと業績は上がります」

この日、稲盛は工場長に、建物のススを払い、ベニヤやギシギシして動かない鉄の扉をアルミサッシに替え、ペンキも塗り直し、工場全体のアトモスフィア（雰囲気）を変えるよう話している。アトモスフィアを変えることによって、機械に対する目も変わり、保守点検でそれまで気がつかなかったことにも気がつくようになるだろう、というのである。当日のあいさつの締めくくりではこう話している。

「非常に騒音の激しい工場の中で、縫い針が一本落ちる音まで聞こえる、わかるという感度が物を作る人間には必要です。つまり、物の変化、ある状態を破る変化、それに気がつくようでないと物事は成就しません。その点では滋賀工場はまだまだです」

手の切れるような製品

この「小さい変化を変化としてとらえて行けるか否か」は、仕事の成否を左右する大きな要件の一つとして稲盛が絶えず社員たちに向かって話していることである。

事業部の責任者たちを前にして「不良品を見ると震えが来る」ことについて、こう話している。

「工場をまわって見ると不良品がいっぱい出ている。ある工場では高い金《きん》を多く使った物を選別でバンバン不良としてはずしている。それを見ると震えが来るほどです。一オンス何百ドルという金をバンバン使ってバンバンはねてる。もう本当に見ておれんぐらいなんですが、やる方は平然として何とも思っていない。

もちろん品質を上げなきゃいけませんが、そのやり方によって金《きん》をボロボロ落とすことになるという感覚を持っていない。そこで働く作業員が『これはもったいない』と感じていないということが非常に大事な問題だと思います」

稲盛が創業以来言い続けていることの一つに、「手の切れるような品物を作れ」ということがある。新品の紙幣のような、手の切れるような物、それを作っていくことが大事なのであって、そうではなしに選別するという発想では、近代経営など不可能であると言うのである。

この〝細心さ〟を大事にするのは、何も物を作る場合だけではない。稲盛にあっては、それは人間の資質にまで及ぶ問題であり、職場におけるリーダーのあり方とも関連してくることなのである。

地位が上がるということは、それだけ一人で判断し決断する場合が多くなるということだが、そこでその人間が持っている〝少し〟の問題点がどう作用するか、そのことを飛行機の機体のクラック（ひび割れ）にたとえて稲盛はこう話す。

「機体にクラックがある、つまり完璧でない場合、亜成層圏を飛ぶときの震動でそのクラックが大きくなり大惨事になります。そのクラックは普通の静止状態のときにはまったくダメージがないし、問題にしなくてもいいんです。人間にはいろいろ欠点があります。本当はその欠点をあげつらうよりは、長所をほめて伸ばしてあげる方がいいのですが、それはミドル・クラスまでのことです。上にそれを補正する人間がいて、その欠陥が大きくならないよう止めることができるからです。

しかし、すべてについて自分でデシジョン（決定）しなければならない立場になりますと、クラックが大きくなって墜落事故につながるのと同じような現象が起きてきます。つまり小さな欠陥が極限にまで広がってしまい、結果を見ると、その人の長所は全部なくなってしまい、欠陥ばかりが魔物のように広がっているということがあります」

稲盛の細心さを示すエピソードはいくつもある。

創業期、青山政次（監査役）としばしば〝行商〟に出かけているが、オンボロの旅館に泊まったときのこと。部屋を仕切る襖には小さいねじ鍵がついていたので、稲盛はきちんとその鍵を掛け、それを見た青山を、

「小さいことまで気がつくんやなア、恐れ入るわ」

と感嘆させた。やはり行商のとき、二人は寝台車に乗った。二人のベッドが少し離れていたため、便所に行くとき稲盛は青山に、

「この荷物を見とって下さい」

と必ず声を掛け、

「わかった」

と言って青山が稲盛のベッドへ来るまで、そこを離れなかった。

青山はこういう稲盛を評して、

「すべて事が起こる前に注意をする。その時点時点で万全を期すというのが稲盛の主義」

と言っている。松風工業に入社して青山らとともに京セラ創設に参加した岡川健一（現専務）は松風入社直後の体験をこう語る。

「電気炉内の部品を取り換える作業のとき、結線をはずすと端子に線が三本あった。社長は色の違うこよりを二本ずつ三組作った。私は、三つぐらいなら覚えておいたほうがいいのにとちょっと不服そうな顔をした。すると『絶対間違えてはならんというものがある。それを覚えておくと

いうようなことを悪い頭でしたらいかん』と叱られました」

こうした稲盛の細心さはほとんど生理的な癖《へき》にまでなっている。一杯飲屋に入って割り箸と小皿が配られると、頭数と照らし合わせて、

「そろったか！」

トランプ遊びのときはカードが配られると、

「お前取ったか！」

と、仕事のときと同じような口調で確認する。座が白けてしまうこともあるという。

不況期に大胆な設備投資

ところで、ＩＣ、ＬＳＩのセラミックパッケージメーカーとしての京セラを築く過程には、稲盛の大きな〝賭け〟もまたあった。

昭和四四年、滋賀に続く二つ目の工場が鹿児島の川内市《せんだい》に建設されたが、翌年には、四二年の〝昭和元禄〟以来の大型景気が下降局面に入り、日本経済全体が不況ムードにおおわれた。当然、どの企業も設備投資を抑制した。しかし、稲盛は、「わが社創立以来初めての豪快なもの」と呼んだ果敢な投資をこの川内工場に行ったのである。ＩＣパッケージの生産設備への投資である。

四三年、アメリカのフェアチャイルド社は京セラに新しいパッケージの開発を依頼してきた。それは一インチ角のセラミックの上にいくつかのＩＣチップを載せる積層構造のもので、京セラ

は単層構造の技術と製造経験しか持っていなかった。「三カ月間」という短い期間で開発に成功したものの、フェアチャイルドはそうしたパッケージを必要とするＩＣの生産そのものをやめてしまった。しかし、アメリカではＩＣからＬＳＩへの方向が出始め、京セラが開発に成功した積層パッケージはＬＳＩ用として需要が伸びる、と稲盛は判断した。

だが、その判断は危険な〝賭け〟の側面も引きずっていた。〝テイル・エンド（しっぽの先）効果〟と呼ばれるものが半導体業界にはあり、半導体の最終ユーザーであるコンピューターメーカーの生産の僅かの増減が、テイル・エンドにあたる京セラのような部品メーカーに大きな影響を与える。技術革新のスピードも速いから、今必要な設備が明日いらなくなることもありうる。勢い、部品メーカーは設備投資に臆病になる。逆に大規模な設備投資をして自滅したメーカーもある。

稲盛はそれらすべての条件を考慮した上で、四四年、四五年、四六年と京セラの総投資額の三〇～四〇％を川内工場の積層パッケージの生産設備に投入した。「あれが京セラの命取りになる」とうわさされ、事実、四五年一月から川内工場は赤字を続け、同工場を訪れる稲盛は、そばへ近寄るのが怖いほどピリピリしていた。しかし、一二月には黒字に転じ、四六年には京セラの売上の三〇％を占めるまでになった。

「どこまで売れるか定かでないものに何億円もかけ、多くの従業員を採用した。それがジャストタイミングで、不況にもかかわらず売れて行き、ギャンブルに近いことが成功した」

鹿児島気質と京都気質

稲盛はかつて、

「バランスだけで経営はできます」

と筆者に語ったことがある。

また、大胆と細心のバランスについて、自分が生まれ育った鹿児島と、社会人になってから生活している京都の人間の性格の対比という形で語ることがある。

「陽性で素直で明るくて礼儀正しいという鹿児島県人は、自分を見るような気がして非常に好きです。しかし、忍耐力がない。激情家でその瞬間にパッと燃えるけれども、入社して二年目を過ぎ三年目あたりになると相当辞めてしまう。

豪傑風の大言壮語するタイプが鹿児島ではもてて、ねちっこく攻めるタイプはあまり好まれない。しかし、京都人はよく、面従腹背といわれます。長い歴史の中で支配者が次から次へと変わるから、そうなります。

気候も夏はじめっとした暑さで冬はひんやり底冷えがする。しかも寒い北陸や山陰との交流も激しいから、じっと耐えるということを知っています」

稲盛の妻朝子は京都育ちである。

「おっちょこちょいな私はだいぶ苦しめられた」

とは稲盛がよく口にする言葉である。

「実は研究もおっちょこちょいではできません。耐えて耐えて、ということが必要です。それは鹿児島県人にはもっとも向かないことかもしれませんが、京都という風土と地味な研究という仕事の中で、忍耐力をいやというほど養ってきました」

この鹿児島的なるものと京都的なるものを人格化すれば、明治維新の元勲西郷隆盛と大久保利通ということになる。太っ腹で豪快、少々のことには動じない西郷、庁内にいるというだけで役人たちは声をひそめ書類をめくる音にも気を遣《つか》ったという大久保。実はこの両者の性格をあわせ持つことを稲盛は社員たちに要求する。

「奔放に会社を壊すことができるとともに、新しいものをセットアップする（作りあげる）能力」である。

完全主義の追求

このように見てくると、稲盛が求めて止まないものは、事をなすに当たっての心のあり方である、ということがわかる。

「われわれが判断を下すには、まずどういう状況下にあるかを鋭く観察することが必要です。それには鋭く神経を集中する必要がありますが、実は、これは大事な問題だから十分に注意をしようと思ってもすぐできるものではありません。精神を集中するということは習慣性があります。

どんな些細《ささい》なことにも注意する習慣があれば、どういう局面でも集中できます。努力して意識して注意を注ぐことを習慣づける。つまり日常の生きざまそのものが〝いざ〟という時の判断力を左右します。『あの人は切れる』というのは、ただ単に思いつきがパッとひらめくということではなく、日常トレーニングされた注意力、洞察力を身につけた研ぎ澄まされた人のことです。素晴らしい経営者とはそのつど正しい判断ができる人であって、日常がなまくらな状態であれば、決して大きな仕事ができるわけがありません」

こうして稲盛の思考は〝完全（パーフェクション）〟という概念に行き着く。

昭和五五年、日本経済新聞の優良企業ランキングで京セラがトップに評価されたとき、稲盛は幹部たちに、

「皆さんをしょっちゅうガミガミ怒ってますが、その理由は創業以来、完全主義を求めて来たからです」

と語っている。

「私自身も完全ではありません。しかし、少なくともビジネスというのは完璧であるべきだという理想を私自身が持っているものですから、ガミガミ怒るわけです。皆さんができるわけはないけれどもそれを要求し続けてきた。私自身もできるわけはないんだけれども、それを追求し続けてきた。それが創業以来の、また今日の京セラの姿なんです」

この完全さとは〝攻めと守りが同等にできる〟ということである。

「ボクシングなどを見ていたらわかりますが、攻守のバランスがとれるというのは非常に無理

なことです。攻撃に強いカミソリパンチャーが一瞬のスキでマットに沈み、守りが強いだけでは勝つチャンスを得られない。この二律背反する両方ができるということは神業です。その神業を、凡人であるわれわれが切磋琢磨《せっさたくま》することによってなし遂げたいと、創業以来努力を重ねてきたのです」

しょせんは一種の精神訓話にすぎないではないかと思う読者もいるだろう。しかし、それは稲盛の技術者としてのロジカルな思考に深く根ざしている。昭和三〇年代以前は、物質中の元素の混入率を分析する際、すべて化学実験を行った。その混入量が微量の場合、分析値は一〇人が一〇人とも違うケースが珍しくない。実験をしている本人が正確だと思っていても結果はそうではない。

「こういう場合、基準というものは自分にかかってきます。大胆すぎても怖がりすぎてもだめです。楽天的すぎても慎重すぎてもだめです。ある真理を見いだしていく場合のバランスというのは両極の中庸を行くということではなく両極端を兼ね備えるということです」

バランス論は稲盛イズムを解くキーワードの一つなのである。

第四章　作業着から背広へ

「去年、もう一度創業の精神に立ち返ろうということでスバルを買わしてもらうことを宣言したが、総務ではセンチュリーをと言う。スバルしか乗らんと言っていた男がセンチュリーに替えることは精神異常かペテンだが、センチュリー大いに結構、今年はカラーシャツを着込んで松下のズボンプレッサーでズボンのしわを伸ばして毎日ひげを剃って、余裕を持った付き合いをしてみたい、そう思っている」（昭和四六年、創立一二周年にあたって）

創業経営者には現場密着型、陣頭指揮型のタイプが多い。関西で言えば松下幸之助、井植歳男、中内功、塚本幸一、ＭＫタクシーの青木定雄、アート引越センターの寺田寿男、千代乃夫妻などがすぐに思い浮かぶ。

しかし、企業が発展し、事業所が国内各地、さらに海外へと増え、社員も増えて来ると、どの時点でどのようにして創業者が現場から〝離れるか〟という問題に直面する。それは単純な比喩で言えば、人間が子どもから大人になる過程で必ずぶつかるイニシエーション（通過儀礼）と同じもので、企業にとっても必然的なものである。

スクーターからスバルへ

稲盛と京セラもその例外ではなかった。

稲盛のその〝現場離れ〟を象徴するのが〝スバルからセンチュリーへ〟なのである。稲盛がそれを社員に公言したのが創業一二年目の昭和四六年、二部上場の年であったことは単なる偶然ではない。そして稲盛がどのような形で現場を離れようとしたかを知るためには、稲盛がどのように現場とともにあったかを知っておく必要がある。

鹿児島大学を卒業して最初に勤めた松風工業を退社し、新しく会社を作ることになった稲盛は三三年春に結婚、新居を京都市内の左京区高野《たかの》の六畳一間のアパートに構えた。新会社京都セラミックの木造間借りの本社と工場は中京区西ノ京原町にある。両者は市内を右上(住居)から左下(会社)に斜断するような位置関係にあり、満員の市電に乗って出勤し、毎夜一〇時、一一時の遅い電車で帰宅するのは大変だった。

「時間がもったいない」

と稲盛は思った。当時、スクーターが流行していた頃で稲盛は、

「スクーターを買いたい」

と言い出した。稲盛はまだ二七歳、他の役員は皆明治生まれの年長者ばかり、

「怪我をされたら大変」

と皆、反対した。

しかし、稲盛はスクーターに乗って楽な通勤をしたいというのではなく、それによって短縮できた時間だけ余計に働くことができるという考え方だから、頑強に主張して、結局、一番大型のラビットを買うことになった。

運転の練習をし試験を受けたが、実地試験は合格、あらかじめ勉強していなかった学科試験は不合格。前に見たように何事にも細心な稲盛だが、この時は、一カ月後の試験日まで無免許運転で通勤した。二回目の試験は軽くパス、一年後にスバル360を買うまで夏も冬も、創業の同志の一人青山政次（監査役）を後ろに乗せて通勤した。

三七年になってもまだ会社の自家用車はない。ある時、アメリカのある会社の社員が京セラを訪問することになり、稲盛はためらうことなくスバルを運転して大阪空港まで迎えに行き、体の大きな外国人には窮屈すぎる車だったが、稲盛はその客を乗せて京都まで帰って来た。

稲盛流コンパ

創業時、まだ町工場に過ぎない京セラにも仕入先、下請け、料理屋などから届け物が来る。創業した年の夏、会社あて、社長あて、その他の関係者あてに中元が届いた時、稲盛は、「個人のものにしてはならん」と思った。

そこで中元を庶務で管理し、当時三〇人ほどいた社員に公平に分配し、会社規模が大きくなって届け物の数が増えた時は、抽選で分配もした（こういった絶対的平等主義とでも言うべきものはずっと続いており、昭和五一年から始まった社員の子ども＝小学高学年～中学生＝たちの海外研修旅行のメンバーを決めるくじ引きには、昨日入ったばかりの社員の子どもであっても参加する権利がある）。

当時の京セラのいわばスバル的レベルのつつましさは、創業の翌年できた東京出張所のありさまによく出ている。初代の駐在員は、やはり創業の同志の一人岡川健一（昭和九年生まれ）で、建物は京都の本社工場の建物を貸してくれている宮木電機の東京出張所（銀座東五丁目）だった。そこは八畳ほどの広さで机三つと書類棚、営業マン二人と女子事務員一人でもはや一杯、岡川は階段の踊り場に古びた机を一つだけ置かしてもらい、電話は宮木の社員が使っていない時を見はからって使うという具合だった。

その頃の稲盛の〝現場〟への密着の仕方を象徴するものの一つは忘年会だろう。

創業の年の暮れには社員は四〇人ほどになっていたが、稲盛は全員を集めた。集まって料理が運ばれてくる間、雑談でもしているかというと、そうではない。そういうふうに時間を過ごすのはもったいない。社員に現在やっている仕事について聞き、自分の意見を述べる。料理がそろって酒を飲み始めても、稲盛がするのは仕事の話ばかりである。一つくだけた冗談バナシでもしようか、というふうには決してならない。

料理もほぼ食べ終わって酔いもいささか回り、サアひとつ歌でも歌おうかとなってもワイ歌などは許さない。同志としての連帯感を歌った軍歌のほか、民謡、童謡、流行歌などである。筆者は創業二〇周年の年に、その年入社の大卒新入社員四〇人ほどが稲盛を招待したすき焼きコンパに同席する機会があった。場所は京都山科本社の畳敷きの大広間、乾杯をして簡単なあいさつが終わるや、稲盛はさっと自分の席を離れ、あらかじめ数人単位のグループになっている席に行ってどっかとあぐらをかき、ほとんど食わずに、ビールか焼酎を飲みながら社員と〝対話〟をしていた。そうやって各グループを稲盛が〝巡回〟してその場のほぼ全員と話をする、それが稲盛流のコンパなのである。

稲盛がいない場合でも、他の役員や工場長、事業所の責任者が先頭に立って、そういうコンパをする、それが創業以来連綿と続いている京セラの〝流儀〟なのである。

その一方で、周年行事のたびごとに必ず功労者などの表彰を行う。現場に可能な限り密着しつつ、入社式や周年行事はきわめて厳粛かつ整然と行う。それもまた稲盛流である。

後年、青山は当時の稲盛についてこう回想している。

「忘年会に全員集まった、ということにも大いに意義がある。稲盛はすべての会合に一人の欠席者も許さない。何事をやるにも全従業員挙げてやらなければならないと考えている。この考えは今日に至るまで貫き通されていることを銘記すべきである。

私がそれまで経験した忘年会では部課長は宴半ばでいかにも気をきかしたように席を立って帰るか、好きなところで二次会でもやる。私は初め、稲盛もそうするだろうと思っていたが、これは甚しき認識不足であって、稲盛は最後の最後まで皆と一緒に飲み話し合った。忘年会といわず何かで集まった機会をとらえ、話し合い、教育している。その努力のすさまじさが今日の京セラの発展を築いた一つの大きなファクターであることを、私は一〇年後にようやく気づいたのである」

「私利私欲がないから部下はついてくる」

稲盛の〝現場〟に対する長としての責任意識をよく表しているのが、渡米した時の現地での仕事ぶりである。外国にいるということは、日常のルーティンワークがある現場から完全に離れるだけに、かえって稲盛の日常における仕事のスタイルを浮き立たせることになるはずである。

アメリカ行きは松風工業時代からの稲盛の夢だった。初の渡米は三七年七月の約一カ月間だったが、現地での案内は極東貿易という会社のニューヨーク支店。予定を終えて帰国するときのお別れパーティーで支店長はこうあいさつした。

「今まで日本からたくさんの人びとがアメリカへ来られましたが、稲盛常務（当時）さんのように真面目に毎日きちんきちんと出社され、仕事一点張りで何一つむだなく頑張られた人はおりませんでした。たいていの人は仕事もそこそこにして見物やら遊ぶことを考える。われわれは大いに見習うべきです」

それに対する稲盛のあいさつは、

「私は会社の貴重なお金を使って当地に来ましたから、有意義に一日も早く仕事を済ませ、帰りたい気持ちでした。実際はもっとスムーズに事が運ぶようにしてほしかった。しかし、おかげさまで無事予定のスケジュールも終わることができました」

そして、

「明日はニューヨークへ出てゆくからにゃ　何が何でも勝たねばならぬ　空に灯がつく通天閣に　おれの闘志はまた燃える」

と「王将」の替え歌を大声で歌い、勢いにまかせて数枚重ねたリノリウムを大学時代習い覚えた空手で割ってみせ、アメリカの女子事務員たちからヤンヤの喝采を受けるというおまけまで付いている。

海外にいてこういうぐあいだから、工場での稲盛の働きぶりはまさに鬼神のごとくであった。創業の翌年頃、一人の社員の奥さんから、夜、会社に電話がかかってきた。

「主人は毎日毎日遅くまで働いていますが、会社はまだ残業をさせているのですか。夫を殺すつもりですか」

当時、始業が朝八時、たいていの社員が毎日一〇時、一一時まで仕事、夕食はそれから。青山によると、山科に本社ができるまでの一三年間、青山と稲盛も毎日そういう生活だった。

青山は二、三度稲盛に注意した。

「毎夜遅くまで仕事をやるのは無理だ。みんな夜泣きうどんですましているが、それも来ない時は何も食べないで頑張っている。銭湯に間に合わず一カ月も風呂に入ってない者もある。皆体をこわすぞ」

言われた二、三日は九時頃で引き揚げるが、また「本性を現して」（青山）遅くなる。

「その瞬間瞬間において自分の全力を出し切って悔いのない仕事をやらなければ、という強い信念があるのでどうしても途中で切り上げることができない」（青山）

結局、青山は注意するのをやめてしまう。

実は松風工業時代でも、稲盛の部下たちは守衛に「お前たちはいつ寝るのか」と不思議がられたというから、何も京セラを作った直後だからというわけではないようだ。

この松風工業で貿易部次長であった上西阿沙《じょうにしあさ》（大正一〇年カナダ生まれ）が三八年に京セラ入りをした。京セラでは仕事が夜遅くなるのは承知の上だったが、夕食をとってすぐ寝るのはどうも胃によくない。ある時思いついて、夜八時頃家へ一度帰って食事をし、また会社へ戻るということをやり始めた。途中入社の重役も、

「グッドアイデア」

とほめてくれた。

それを一〇回くらい続けた頃、稲盛は一言。

「ちょっと違う」

と首を振った。

その時のことを上西（副社長）はこう言う。

「厳しさが全く違う。そういうふうに決めれば別だが、同じように皆が苦しいのを辛抱して仕事をしている。そこで一人だけ食事をしてきて素知らぬ顔で仕事をしているのは、ちょっと違う、

というわけです」

なぜ、稲盛はそういう事が部下に要求できたのか。その答は簡単である。

「もしこれが少しでも自分の私利私欲のためであったら、そこまで努力は強いられない」(稲盛)

スバルからセンチュリーへ

これは結局、「集団の幸せを追求する」というテーマに回帰することになるのだが、それはともかく、四一(一九六六)年、稲盛は社長に就任し、翌四二年の経営方針の中で、

「中堅企業へのスタート台に立った」

と社員に表明した(四一年の売り上げが約六億四〇〇〇万円、社員三四〇人)。

ここで稲盛は電子工業界全般について概観して、この年を企業間格差がはっきりしてくる年ととらえ、

「中堅企業の世界と、今までわれわれが住んできた世界とは全く別のものでなくてはならない。今までのような足し算ではなく掛け算か、またはそれ以上の変わり方でなければならない。新しいやり方を編み出していかなければ、この壁は破れない」

と訴えている。

検討すべき具体的問題として、①外部の新しい知識の導入、②幹部のあり方、③返品ゼロ、歩留まり九八%達成、④自動化と金のかからぬ工夫、⑤各部門独立採算制の確立と帳票管理の徹底、

⑥社員の評価の徹底（抜擢《ばってき》、格下げも含む）などを挙げているが、そうした過程を経て稲盛自身が見事に変貌しようと自ら宣言したのが四六年のことである。

それが章の冒頭の「創立一二周年にあたって」の宣言であった。以下はその全文である。

「第一線の兵とともにはいずり回っている部隊長が偉いのか、後方で水筒から酒を飲んで作戦を立てているのが偉いのかという問題がある。私が今までみんなに教えてきたのは前線にいるのが偉くて、後方にいるヤツはけしからんということだった。

しかし、後方で作戦を立てることもあるんだということです。私は前線ではいずり回ってきたから、工場の人も非常によくついてきた。しかし私はこれから、背広を誂《あつら》えると高いから既製服を何着も買い、ネクタイももっとデラックスなものを買って、靴から何からパリッとしようと思っている。

ベンツに乗ってガタガタするようなことをせんと、どこのご落胤《らくいん》か、よっぽど育ちのいい人や、どこへ出たってスマートな立ち居振る舞いで素晴らしいと思われるようにする。去年、もう一度創業の精神に立ち返ろうということでスバルを買わしてもらうことを宣言したが、総務ではセンチュリーをと言う。スバルしか乗らんと言っていた男がセンチュリーに替えることは精神異常かペテンだが、センチュリー大いに結構、今年はカラーシャツを着込んで松下のズボンプレッサーでズボンのしわを伸ばして毎日ひげを剃って、余裕を持った付き合いをしてみたい、そう思っている。

すると、去年、スバルに乗って創業の精神に立ち返って、と言った私を工場の人が見て『何とあいつは上場ボケしよったわい、もうわれわれ前線で苦労する連中とは話の合わん男だ』とみんな悲観するだろうと思うが、今年はどうしても一流の人と付き合っていきます。ここまできますと、真面目に働いております、と言うだけでは済まない問題があるという気がする。

取引先の企業を回って歩き、工場には一日も来ない。来るかと思うとカラーシャツを着込んでスマートな格好しよって、われわれが苦労しているのがわからんのか、と非難が轟轟《ごうごう》と出てくると思うが、それを一年間みっちりやって、来年はまた作業服を着て工場へ入る。その両極端ができるかできんか、その極端が理解でき、極端ができることが必要だろうと思う。どっちかに行くとどっちかでボケてしまう、そういう不可能なことができるかどうか試してみたい。

かと言って、上場したからセンチュリーに乗るとか、会社が立派になったから私が楽をしてそういう付き合いをするというのではない。大きな発想の転換が必要です。絶壁の接線を歩いて行く感じになるから、紙一重の差でどちらに偏しても奈落の淵が口をあけている」

第五章　怒り

「物を作る場合、書いたものを消すようにはいかない。失敗すれば使えない。いいかげんな仕事をして悪い結果が出てみんながしょげかえるよりは、ガミガミ怒っていい結果が生まれて一緒に喜ぶ方がいい。

がんがん怒って言ったのではかわいそうだからと妥協して悪い結果を生んで、仕事がうまくいかなかったと、うじうじ言ってるような指導者では、かえって部下がついてこないだろうと思うから、私は厳しくやる。決して憎くて文句を言うのではない。いい結果を生んでみんなで喜ぶためめの、その間の厳しさなのだということがわかって仕事をする雰囲気というものが非常に大切だ」

（昭和四八・一九七三年、新入社員たちに）

すぐその場で怒る

昭和四八（一九七三）年というと、京セラの創業一四年目に当たり、また、証券取引所一部上場の前年に当たる。この年の大卒新入社員たちに稲盛は、なぜ自分が社員を厳しく叱るのかを説いている。

「集団で一つのことを仕上げていく場合、ベーシックなアグリーメント（了解）がないといけない。皆さんとの付き合いは浅いが、よくお付き合いをし、私自身の人間性もわかってもらい、お互いの心を理解し合って、その上で仕事を進めていかないと仕事はできんだろうと思います。四十数人の新入社員のうち何人かでも仕事のできる人がおってくれたらなあ、と思っています。しかし、できないですねェ。非常に残念なことですねェ。

これは日本の教育が悪い。大学へ入ると勉強しない。仕事ができるかどうか、ひとえに心構えです。液体の入っているAのビーカーから一滴もこぼさずにBのビーカーに移せるかどうか。びしびし文句を言うのは、成長を願っているからであって、いい心で受け止めてほしい」

稲盛のすさまじい怒り方のエピソードについては、枚挙するのに不自由しない。

「会議では責任者の顔色がなくなるくらい徹底的にやっつけられる」

「全身で怒る迫力はすさまじい」

「足音が聞こえるだけでも震えた」

こういった言葉は、稲盛の怒りを直接体験した、あるいはその場にいた社員からいくらでも聞くことができる。

「あいつをここで叱ったらプライドを傷つけるかもしれんから、後でちょっと呼んで話をしようとか、一日か二日たってから怒るようにしよう、などと考えているよりは、人前であろうと何であろうと、すぐその場で怒る。そして、その問題はそこで済ませて、すぐ次の仕事にかかれる。場所を変えてとか、時間をおいてなどと気にかけているのは、余計な神経を使うし、そういう時間がもったいない」（稲盛）

創業して七、八年たった頃のあるコンパの席で、例のようにビールや焼酎を飲みながら話をしている時、一人が先輩についていて日頃感じている不満を稲盛にしゃべり始めた。じっと聞いていた稲盛は、突然、手にもっていたコップの飲物をその社員の顔にぶっかけ、

「お前ならどうするんだ。人の欠点ばかり並べて自分の意見のない奴は大嫌いだ」

と恐ろしい剣幕で怒ったという。

鹿児島の川内《せんだい》工場が稼働し始めた頃（昭和四四年）のこと、ある新人社員が連日の残業にもめげず、朝七時には出勤して工場の正面玄関の掃除をしていた。本人はもちろん、いいことをやっているつもりである。そこへたまたま稲盛が通りかかり、

「おはよう、ご苦労さん」

と声をかけ、ついで、

「ところで何で掃除してんのや」

と、その社員に聞いた。

ほめられていいはずなのに、突然、予期しなかった質問を浴びせられどぎまぎしながらも、

「お客さまに見苦しくないよう、また私たちも気持ちのいい環境で仕事をしたいものですから」

と答えた。

そのとたん、稲盛は顔をきゅっとこわばらせ、怒り出した。

「バカもん、お前みたいな奴は京セラにはいらん。お前さんのレベルで掃除されたらたまらんのや。京セラのレベルでしてもらわんと困る。お前さんが見て気持ちのいい範囲、お前さんが感じるお客さんに対して見苦しくない範囲ではだめだ。今の言葉でお前がどんな仕事をしているのかようわかった。ええか、掃除ちゅうものは建物が建ったその時の状態に、いつまでもしておくことだ。もとあった通りにする、それが掃除の原理原則だ」

その場で一時間、稲盛は朝礼そっちのけで、その社員に話をしたという。

仕事に集中、あとは神に祈れ

この川内工場が稼働する直前に稲盛は視察に出かけたが、工場へ着くや応接室には入らず、すぐに工場を見て回ることになった。そして、玄関の守衛所まで来た稲盛は、ぴたりと足をとめて、案内している社員に向かって、

「この芝生の植え方は何だ」

言われた社員が芝生をよく見ると、植えたばかりの芝が平行にきちんと並んではいるものの、千鳥のようになったり密集していたり、芝の長さにもばらつきがある。それを、敷いた白砂《しらす》で何とかごまかしている感じである。普通ならば「きちんとしておけよ」といった通り一遍の注意で済むのだろうが、稲盛の場合は決してそうはならない。

「どんな仕事に対しても、こうでなければいかんという理想をもたないとよい仕事はできない。今、この芝は植えたてでそんなに目立たないが、成長すると、このまだらが極端になる。雨が降って砂が芝の中に入っていくと、このまだらが目立つ。芝と芝の間隔が空いているところは、までも砂が目につく。芝の長さがそろっていない部分は芝を刈っても、砂が邪魔して仕上げが悪くなる。この芝を植えるときから、ここを素晴らしい緑地にしようと思って仕事をしなければだめだ」

すでに明らかなように、稲盛は重箱の隅をつついているのではない。並の人間が言えばそうなりかねないのだが、稲盛は目前にある事実との関連において、仕事の心構えを社員に説いているのである。新入社員たちに、「AのビーカーからBへ一滴もこぼさずに移すことができるか」という問いかけと本質的には同じことを言っているのである。

昭和四〇年、近藤徹が入社したときはちょうどIBMからコンピューター部品の注文を受け、当時のセラミックの概念では実現不可能な高精度の実現に、稲盛以下が夜を日に継いで苦心惨憺していた時期だった。一週間ほどかけてプレス成型されたものを大型炉で一度に焼成するのだが、一つの炉に何百万円相当のものが入っている。しかし、それが作っても作っても不良で全滅。

ある日、近藤は稲盛にこう言われた。

「お前さんね、これを入れてどうかうまく焼けてくださいと神様に祈ったことがあるか」

近藤は、その意味が分からなかった。その代わり連日、その場にいても立ってもいられないほど怒られていた。しまいには憎らしくなる。

「何言ってんだ。お祈りしてできるぐらいなら、なんぼでもお祈りもし、お詣りもしますよ」

と心の中でつぶやいていた。しかし、怒られっぱなしの一年が過ぎた頃、稲盛の言うことを近藤は了解することができた。近藤は、それをこう説明する。

「神様に祈るということは、もうあと何もすることがない、あとは神に祈るしかないという意味なんです。それくらい集中して寝ても起きても、そのことを考え込み、打ち込んでいって、もうすっからかん。最後に残ったのは神様だけ、そういう意味でおっしゃったんだと思います。寝るのは夜中、朝は早い。夜中にたたき起こされたこともあり、それで、自分は頑張っている。ハードワークをしているんだと錯覚してしまう。そうではなく、仕事をするというのは時間を潰すことではなく、自分の仕事にどれだけ責任をもち、どれだけ集中し打ち込んでいるか、そのことを問われたんだと思います」

近藤は「憎いけれども好きなんです」という言葉で稲盛に対する心情を表現しているが、京セラにおいて稲盛に怒られることの意味は、次のように表現できるようだ。

「怒られる者は幸いなる哉」

妥協を拒む

だから、稲盛において、怒るという行為自体が目的ではなく、自分と社員との〝すり合わせ〟が目的である。

「一人の人間の考え方が、いかなる集団を作るかということです。社長の考え方を理屈でわかって理解しているというだけでは社長は満足しない。〝感じる〟というレベルにまでいかないと、〝すり合わせ〟にならない。ほめるのはだれでもできる。怒って相手をくさらせるのも簡単。しかし、叱りながらほめた以上の効果を出すのは大変なこと。怒られて恨みに思ったことは神かけてもないが、アカン、もう俺は身を退くしかないと思ったことは何十ぺんもあったか、わからない」（岡川健一。創業に参加。現専務）

「普通の企業では、学歴があるとか専門的能力がある人間ならば、トップと心の波長が合わない場合でも、いいかげんな妥協をしてしまう。本当に真実を追求していくためには、妥協なんかでは突破できないはずだ。妥協を許さずに、それをきっかけに素晴らしい信頼関係ができていく。それが経営にとっては大事なことなんです」（稲盛）

この、妥協を拒むという厳しい姿勢は、目標にどのようにして到達するかというリーダーの姿勢にも当然かかわってくる。

「山へ登るとき大多数が抵抗を感じないように、平地なのか坂道なのかわからないような稜線を登っていけば自然に頂上に着けるけれども、それは気が遠くなるような道のりだ。そこをやみくもに直角登攀しようとするのが私。だから、落ちる者もいる。心を鬼にして残っている者を上へあげなければならない」

しかし、その直角登攀《とうはん》は、単に心を鬼にすればできるというものではない。稲盛において人間論と経営論とが同一のものとなっているからである。

昭和六〇（一九八五）年の『日経ベンチャー』誌一月号で、稲盛はソニー名誉会長井深大《いぶかまさる》と対談を行っているが、その中で井深は、

「優秀な技術屋経営者は、それまで蓄えてきた経験・知識を背景に、技術に対する直観力が働く」

と発言している。

稲盛はそれを受けて、次のように話している。

「開発に打ち込み、ずっと苦しんできたその行き着く先に、直観力という言葉で表現される何かがあると考えますね。会社を興したばかりの頃、夜も昼も開発に打ち込んでいたんですが、ある時、大学の先生から『少し余裕をもった方が良い成果があがりますよ』と指摘されたことがありまして。私、それに反発して、『おっしゃるような形で生まれてきたアイデア、ひらめきは使いものになりません。苦しんで苦しみぬいたあとのひらめきこそ、世の中で認められるんですよ』と申しました。私は、こういったストイックな自己禁欲的な方向で、自分を痛めつけ、痛めつけたあとで出てきた直感が大切じゃないか、って考えています」

稲盛が「ストイックな自己禁欲的な方向」と自ら呼んでいるものこそ、人間としての、また経

営トップとしての自らのあり方を規制しているものである。その姿は多くの社員たちをして、

「社長が一番偉いのは自分のことを考えないことだ」

と言わしめる。

昭和四八(一九七三)年第一次石油ショックの翌年、稲盛は製造と営業両部門の幹部たちを集め、

「もう少し経営者が育ってほしい」

と次のように熱っぽく語っている。

「自ら燃えて毎日を考えている人でなかったら、経営者のうちに入らんと思う。経営者は自己犠牲が簡単にできる人でないといかん。私は家のことや自分のことを考えると罪悪感をもつ。考えまい、考えまいとする。そんなことを考えるんだったら、会社をどうするか考えたか、と責める別な自分がある。経営のことは、考えましょうか、と言って出てくるものではない。四六時中、詰めて詰めて、考えて考えてるから出てくるのであって、会社へ出てから考えましょうと書類を広げても、通り一遍のことしか出てこないから、通り一遍の経営者にしかなれない。それは研究でも技術開発でも同じであり、それに耐えるようなタフな神経、それが力まんでもできるような人間でないといけない」

心の通じない奴は辞めてくれ

私は妥協が嫌いだ、ということを語ったとき稲盛は、

「それはもしかしたら、私がわがままだからかもしれない」

とフッと口もとをほころばせた。稲盛は小学校から中学校にかけてしょっちゅう、「何で俺は人と言い争いと喧嘩をするんだろう」と思っていた。AとBとでは絶対喧嘩にならないのに、Aと稲盛とでは同じ話題なのに喧嘩になる。ちょっと軽蔑したような言葉遣いをされるとカチンとくる。「稲盛君」と言っていたのが「稲盛っ」となっただけで「ナニッ」となる。

「どうして俺が入ると喧嘩になるんだ」

と悩んだ時期があるという。

しかし、稲盛は少年のそうしたナイーヴさを抱いたまま、経営という世界に足を踏み入れた。

「社内でもよく言います『惚れた同士でやっているのであって、好かん奴は辞めてくれ』。人手が足りなくてとにかく仕事を消化せんならんということで、心が通じない奴でもいいからだまくらかして使おうというようなことはせんわけです」

稲盛が人目のことなど気にせず、その場で怒るのは、今、起こっている問題に全力を挙げて取り組むという態度の現れである。松風工業時代、約束の期日までに製品を取引先に納入できず、大声でオイオイと泣いたこともある。

昭和四八年の石油ショックが起きる以前に稲盛は、半期二〇億円の利益を出せば社員全員でハワイ旅行をするという約束をしていた。そして、この年の九月期の決算で目標に近い数字が出て旅行することになり、ちょうど株の時価発行をする時期でもあったので、臨時ボーナス一・〇五カ月分を株券で支給した。ところが、それに対して社員の中から、

「金が余ったからくれたんだろう」

「株券だから使えない」

という不満が出、稲盛は愕然《がくぜん》とした。三日間連続して会議を開いて、社員たちに自分の〝怒り〟をぶつけた。

「世間では京セラは高収益会社と言われているが、高収益だからこれくらいもらってもいいじゃないか、使ってもいいじゃないかと思わなかったからここまでになったのだ。無責任な発言をするのは、本当に苦労して本当に稼いだことがないからだ。利益がどこから出てきたのか理解できていない。自分で稼いだことがないから、どこから利益が生まれてくるのか知ろうとしたこともない」

この直後、石油ショックが起こり、ハワイ旅行は中止して旅行代に見合う金額を社員に分配しているが、この旅行中止についての組合幹部への説明会で稲盛はこう発言している。

「ベンチャービジネスとしてどういうものがこれからの企業なのか、そのことを世の中にチャレンジしている。よその企業がやっていることをまねしているのであれば、新しいことはできない」

第六章　儲けの原点

「創業当時、私は経理については門外漢だった。そこでどう考えたか。経営というものは基本的に『買う』『作る』『売る』それだけのものではないか。だから、利益というものは、物を作るのに要した費用、それと売り値の差、それしかない、そう考えた。これは、京セラの『時間当たり採算性』の基本となっている」（昭和五七・一九八二年、社員向け訓話より）

コストダウンは終わりのない努力だ

稲盛は創業当時、「コスト」について大変苦い経験をしている。松下電器のテレビ用ブラウン管のセラミック製部品を納品していたのだが、毎年値引きを要求された。数量が増えると、「量産効果が上がったろうから値引きをしろ」

数量が増えなくなると、

「習熟が上がったろうから値引きをしろ」

理由は何であれ、とにかく値引きを要求する。

当時、松下電器の購買部長に決算書を提示することになっており、初めは、

「利益が多すぎるからもっと安くしろ」

と言い、利益が減って来ると、

「一般管理費がこんなにいるはずがないから、もっと安くできるはずや」

とくる。さすがの稲盛も悲鳴をあげて、とうとう嘘の決算書を作って、

「赤字です。値下げどころではありません、値上げをして下さい」

と訴えた。するとその部長は、

「お前のところが赤字でも、よそがもっと安い物を持って来ると言うてるんや」

と言う。単なる脅しではなさそうだった。

「売値というのはいったい何だ」

当時、三〇代の駆け出し経営者である稲盛は考え込んだ。よく言われる「適正利潤」という概念など、ここでは通用しない。五%が適正利潤だとした場合、「コストはこれだけですから、五%の利潤を加えてこの値段になります」と言っても通用しない。原価計算すら意味がなくなる。

そこで稲盛が引き出したのは、「市場での値段は競争原理で決まるが、コストは自分で決められる」という単純な原理であり、そこから引き出された方針は、「存在するのは市場価格だけで、あとは製造コストをどこまで下げるか、その勝負だ」というものだった。それ以後、稲盛は「も

う愚痴をこぼすまい」と自分に言い聞かせるとともに、製造部門の技術者には、技術についてはを何も言わず、ただ、

「コストをどこまで下げられるかが技術屋の勝負だ。それができないなら技術屋じゃない」

と言った。

そこから、稲盛をはじめとする京セラ社員の既成概念への挑戦が始まった。

「適正利潤とよく言われるが、どうもこれはおかしい。どういう労働条件で、どういうことをやれば標準コストと言えるのか。作業性も生産性も社風も違う中でコストというものがあって、そこへ一定の利潤を乗せれば適正価格になるのか非常に疑問だ。常識で、コストはこんなもんやと思っているから、そういう値段になるのであって、市場で値段が決まるのだから創意工夫によってコストを下げて、その結果出たものが利潤である。その利潤が多い少ないはプロダクション・エンジニアの努力を表す尺度であり、どこまでコストを下げられるかはエンドレスの努力だ。利潤が一〇％出たからいい、一五％出たら大いに結構などと決めてかかるのはおかしい」（稲盛）

アメーバ方式の誕生

稲盛は昭和五四（一九七九）年九月、日本青年会議所で講演したとき、

「利益というものは求めて得られるものではない」

と、市場価格とコスト・利潤について述べている。

「価格は市場のメカニズムで決まりますから、われわれはそれより若干安い値段で売ります。そこで値段が一定しますから、いかに安く作るか全力を挙げます。その際、材料費が何%、人件費が何%、諸経費が何%といった固定観念は一切用いません。材料から諸経費に至るあらゆるものを極小に近づけていく。この極小化の作業が京セラにおけるプロダクションの概念です」

つまり、物の生産という概念に、あらゆる経費の極小化というもう一つの概念を注入したと言っていい。概念の作り変えとでも呼ぶべきだろう。

「ですから、われわれには利益率が何%だからいいという概念はありません。私がいつも不思議に思っているのは、隣近所を見回して、あそこは八%うちは九%、だからうちの方がいいという一種の常識で判断しているということです。しかし、コストを極小化するという作業は、ほかでも無意識のうちにやっています。たとえばカラーテレビは値段は据え置きだが性能が年々良くなっていく。年々、人件費も上がり材料費も上がっているからコストも上がるはずであるにもかかわらず、コストが下がっているという現象がある。その辺に実は真理があるわけでして、人件費が上がる、材料費が上がる、だから製品価格も上げなきゃならない、そういう単純な考え方では人並みの経営はできるでしょうが、人並み以上の経営はできないだろうと思います」

ここで「時間当たり」という概念について説明しておく必要がある。これは最小生産単位である「アメーバ」組織の誕生と不可分の関係にあり、実際に始まったのは創業（昭和三四年）から三～四年目に当たり、滋賀工場の第一期工事が終了した三八年頃からである。

アメーバの成員は二人から数十人、それを超えるものもあり、いくつかのアメーバの集合体が事業部となる。各アメーバは月ごとに時間当たり採算表を作成するが、この組織は原料の購入から出荷までに介在する成型、焼成、切断、メッキ、ろう付け、検品など各工程に対応して作られており、アメーバ間で半製品が売買される。アメーバは一〇％の営業マージンを負担するので、総売り上げから営業マージンとコスト（原材料費・金型代・内職工賃・修繕費・光熱費・金利・工場経費など）を差し引いたものが「差し引き売り上げ」でこれが付加価値となる。

この付加価値をアメーバの総労働時間（定時と残業）で割ったものが「時間当たり」で、これがそのアメーバの生産性を示す指標となる。この指標は毎月全員の前に公表されるのでアメーバの優劣は一目瞭然である。

現場のすみずみに原価意識が浸透

京セラの発展の歴史は、各アメーバの「時間当たり」向上の歴史でもあるのだが、この「時間当たり」がアメーバの成員にどんなインパクトを与えているのか、それが京セラの成長を解く一つのカギである。

「原材料費と売り値の間にほとんど差がないので、銭とか円の単位でしか利益が出ない。メッキを部分的なものにするとか、メッキを薄くするとか、経費を一銭でも値切って削らないと生き延びられない」

「時間当たり採算表を作成して思うことは、社内外を問わず売買単位の重要さだ。製造あるいは出荷の個数が多くなればなるほど一円の差が非常に大きな収益差を生む。値決めが肝心であると痛感する」

アメーバの責任者がハンを押した資材の購入依頼の数量を、女子従業員が意識的に減らして発注したり、ちびたほうきの購入を翌月まで延ばすといったことも珍しくない。

これは企業の採算性という観点からすれば、原価意識を末端にまで強烈に浸透させた見事な経営手法と言うことができる。しかし、稲盛をはじめ経営幹部が「時間当たり」を強調すると現場では、それを金科玉条としてしまうことが起こり得る。それについて稲盛は次のように戒めている。

「独立採算のカギであるアメーバの長は金繰りだけは見なくてもいいが、それ以外は社長と同じ仕事をしなければならない。

経営に何がいるかというと営業、製造、労務、新技術、新市場の開発である。しかし、皆悪い意味での製造部長でしかない。つまり時間当たりだけを見て、ただガムシャラに物を作ればいいと思っている。新しい仕事をとることも仕事のはずだ。営業はマージン一〇%を払って本来、自分たちがしなければいけないのを手伝ってもらっている代理店という考え方のはずだが、そういう認識がさらさらない。難しい仕事をとってくるとブツブツ言う。しかし、本当に自分の事業を経営している者ならば難しいものでも何でも、市場で求めているものの情報を流してくれるだけでも、ありがとうと言わなければならない。自分が注文をとるとすれば、売り値が下がってくれば、注文をとるのかとらんのか自分で決めなければならない」

アメーバ責任者の面白さと悩み

再び現場の声を聞いてみよう。まず、創業の翌年に高卒で入社した古参社員の話。

「社長は、ガラス張りの経営をするということを昔から言っていた。儲かっているかどうかは全員が知っていないといかん、という考えが根底にあったと思う。生産（売り上げ）金額と時間当たり付加価値の二つを目標にして努力する。これによって、他のアメーバと比較できる。グループ意識も強まる。悪いと社長にこてんぱんに怒られ、良かったら尻がこそばゆくなるほどほめられた。月一回の製造会議が朝の八時から夜の一二時、一時まで開かれ、どの部門が儲かっているかどうか全部分かった。四四年頃までそれが続いたのではないか。今は事業部単位でそれをやっている」

昭和四四（一九六九）年入社の社員は――、

「京セラは経営者と従業員はパートナーだと聞いたが、実際に経営に参加しているという意識がないとパートナーという考え方はできない。しかし、自分たちがこれだけ売り上げをあげてこれだけ経費を使って、差し引きこれだけ利益を出しているということを具体的に数字でわかるから、パートナー的な思想が現実のものとして出てくるのではないか」

こうしたとらえ方は、理想形としてのそれであると言える。入社して拒絶反応を示す者もいる。

「手法みたいなものは飲み込めるが、何でこんなくだらないことをしなければならないのか」

と思ったというのは、五〇年入社の社員である。彼は一成型マンとして、こつこつ金型を作ればいいと思っていた。数字を扱うのも苦手だった。

しかし、前の責任者が他の部署に移り、自分がアメーバの長として時間当たり採算表に取り組まねばならなくなった。メンバーは三〇人ほど。彼は責任者となるにあたって、

「私はこういう人間で、こういう性格で、こういう欠点がある。私の欠点をカバーしてほしい」

とあいさつした。

京セラではこれを〝仁義を切る〟と呼んでいる。しかし、受注が落ち込む一方だった。そこで改めてメンバーの教育をし直し、皆が納得する形で数字を表にまとめ、物を買うときにはこうしようというルールを定め、以後、次第に成績は上がり始めた。

「まず自分を裸にしないとボロが出る。二、三カ月なら格好つくがいずれメッキがはげる。いっそ裸になって自分のすべてを出そうと、その辺りを悟らせてもらっただけでも非常に勉強になった」

というのがアメーバの責任者となって得た一つの結論である。

一見、単なる手法のように見える「時間当たり」が人間性の問題につながってくるところが、極めて京セラ的である。

アメーバの採算性が悪化するということは、売り上げに比べて人数が多すぎるということである。そこで採算性のいいアメーバに人を出すということが起こる。つまり昨日まで一緒にいた仲間が別れて他部門に行く。それを「辛い」と思うか「しようがない」と思うか、長の人間性、資

質に関わってくる。良かれ悪しかれ〝経営者〟としての悩みが生まれる。

設備投資をどうするかというのも悩みの一つである。たとえば自動化のタイミング。設備を入れるよりは治工具を使って当面をしのいで、採算性が上がったところで自動化をする。ところが、人手でやっていた時点で自動化すると、そこから生まれるメリットは大変大きいが、治工具を導入したあとではそれほどメリット幅が大きくない。そこで自動化をせずに終わってしまう。そこら辺の判断も要求されるのが、アメーバの面白さでもありしんどさでもある。

物と金の動きがピタリと対応

以上、「時間当たり」が現場でどのようにとらえられているのかを見て来たが、ここで再び稲盛の経営思想にもどりたい。経理について門外漢だった稲盛は、複式簿記として複雑なメカニズムになったものをそのまま理解するという道をとらずに、単純な現金主義をとった。普通の経理では物を買うと在庫にあげ、そこから使った分だけを計上していくが、稲盛は、使おうと使うまいと、買った分はただちにその月の経費とした。この発想は稲盛が、中学から高校にかけ家計を助けるために紙袋の行商をしたことが原体験となっているという。稲盛はこの発想を、複雑な現象を単純に捉える「シンプル化の原則」と呼ぶ。そして、この原則に対応するものに「一対一の原則」がある。

「月次決算で先月は一〇％の利益率だったが、今月は五％のマイナスとなる。しかし、なぜ儲かったのか、なぜ損をしたのか分からない会社がある。それは一対一の対応ができていないからだ。物の動きが起これば金銭の動きが起こり、金の動きがあれば行為が発生しないといけない、ということだ」

京セラインターナショナル（アメリカの子会社）で、かつて月次決算において想定以上のはるかに高い利益率が出たことがあった。稲盛がそのわけを聞くと、担当者は、

「わからない」

という。調べた結果わかったのは次のようなことだった。

日本から出荷すると二日後にサンフランシスコに着くが、客先の要望でその日のうちに納品をしたので売り上げがある。ところが、仕入れの方は、銀行での決済があるため、請求書が発行されるまで五日くらいかかる。だから売り上げは今月、仕入れは翌月ということが起こる。

「しかし、物を売る場合、まず仕入れがあり、その後、手元にある商品を売るようにしなければいけない。金と物とがバラバラに動いてはだめだ」

後日、京セラが上場するとき、会計監査人が京セラインターナショナルも調べたが、その監査人は、

「これだけ膨大な客先・入荷があるのに、すべてが一対一対応で終始しているのに驚いた」

と稲盛に話したという。慣れた専門の経理士であればあるほど一対一対応をせずに、総まとめに計算してしまうのを、プリミティヴな基本原則を貫いていたのである。

「会社という事業を展開し、ある種の行為を行うと、そこには必ず人や物の動きがある。そして、

それは必ず金に換算される。どの行為、どの事業活動に対して、どの金が動いたのかという、一対一の対応が不明確では、素晴らしい企業活動はできない。これは経理に限らず、すべての部署について言えることだ」（稲盛）

第七章　生活体験

「私の両親や祖父母をみると、みんなマンガみたいな欠点だらけの人間です。私の氏素性をみても、いい条件というものはない。育った環境もそうです。私ぐらい不運な者はいない、と何度思ったか。旧制中学を受けて失敗、大学を受けて失敗、就職試験を受けて失敗。人生の節々ではすべて敗者です。その瞬間、天を恨みたいと思った。ところが、そういうマイナス条件をどれ一つ抜いても今日の私はない。どれも私の人格形成の上で非常に大きなポイントになってきているはずです。ただ、一つあったのは、人生に失望したりせず、その瞬間、瞬間を一生懸命生きようとした明るい人間であるということでした」（昭和五三・一九七八年、筆者に自分の生い立ちについて語る）

父親の血と母親の血と

「ここにおられる生徒さんの中には非常に頭の優秀な人で一流大学へ進学される可能性のある方も、三流大学にも行けそうにもない方もおられることだろうと思います。私は、そのどの人ということではなしに、すべての人に可能性があるんだということを言いたいわけです。

私は鹿児島市内の一番いい中学校を受けましたが、努力はしないで『いい学校へ行きたい』と思ったわけです。この中学は二回すべって別の中学に入りましたが、その時、努力をしないで望みだけ大きく持つということは恥ずかしいことだということに気がつきました。世の中をなめてどうでもいいと開き直ったりせず、何とか努力しようと思っておりました」

これは、稲盛が自分の母校である鹿児島玉龍《ぎょくりゅう》高校で「私の人生体験」と題して話した中の一部である。昭和五五（一九八〇）年、四八歳のときだが、ここでは一人の大人としてのごく当たり前の思想が語られていると言っていい。それは稲盛自身の生まれや育ちを反映している。稲盛はどこにでもいる、ごく普通の庶民の子である。

父親の畩市《けさいち》は明治四〇年、母親のキミは四三年生まれ。ともに小学校卒、どちらも鹿児島で生まれ育った。母キミについて稲盛はこう語る。

「お袋は今はおとなしいが、非常に勝ち気だった。その一族をみると、大酒飲みで、そそっかしくて、元気があり気はいいが、すぐ喧嘩になる。品性といったものはあまり感じられない」

一方、父については、

「いろんなことに対するセンスというものはある。ねばっこくて緻密、石橋を叩いても渡らない。決断は非常に遅く、陰にこもる」

長兄利則が昭和四年生まれ、稲盛は七（一九三二）年生まれで二番目。やがて時代は「産めよ殖やせよ」の時代に入るから、下には次々に妹や弟が生まれてくる。母が背中に赤ん坊を背負って働いている姿は、幼い稲盛の記憶の中にある。父は怒ったこともなく、ただ黙々と働いているのが印象として残っているという。

畩市とキミが結婚したとき、畩市は印刷屋で働いており、日給一円ほどの工員だった。畩市の父と弟二人が同居しており、じいさんは大八車で野菜や果物の行商をしていたが、大の焼酎好きで、自分の稼ぎはほとんどそれに使った。給料だけではやっていけないから、父は少し活字を買って名刺印刷の内職もした。

この律義な働き者の父を見込んで、印刷屋をやってみないかという話があり、稲盛が生まれた頃から小さな印刷屋と紙袋作りの商売が始まった。畩市に袋作りの経験はなかったので、見本をもらってきてそれを広げ、紙の裁断の仕方を覚えた。その紙も買う余裕がないから、毎月の食費から少し余った分を紙代に回し、それを五等分して五種類の袋を作った。

「私は人から金をもらうのも借りるのも嫌いで、一銭の金も借りたことがありません。自分のできる範囲内でやりました」

と、畩市は筆者に語っている。

稲盛は言う。

「両親のどっちの要素が勝っておってもあかんのです。また、どの要素が中途半端でも困る。なんかまぜ合わさった感じで、ちょうどいい加減に塩がきいたり、こしょうがきいたりしている感じの自分にふっと気がつくことがありますね。こういう時は父の方、こういう時は母の方やなと思う時があります」

深い挫折感を味わう

稲盛は、小学校に入った当初は成績がよく「これはできる！」と両親を喜ばせたが、やがて鼻たれ小僧たちのガキ大将となるに及んで勉強には身が入らず、卒業の時の成績は〝全乙〟だった。それでも稲盛は当時、鹿児島市内での最優秀校である鹿児島一中に入ろうと思った。だが、見事に失敗した。仕方なしに高等小学校へ進んだが、その年、肺浸潤にかかってしまった。これが昭和一九年。翌年になると本土決戦が呼号され、日本の各都市はアメリカ軍の空襲に見舞われ始める。

その頃、稲盛の担任の先生が両親に会いに来て、稲盛を中学校に進ませてほしいと言う。先生は微熱のある稲盛の手を引いて、また一中を受験させてくれたが、療養生活で大して勉強もしていないから、これも失敗してしまった。

二度にわたる受験失敗と結核、稲盛少年の挫折感は深かったに違いない。だが、担任の先生はよほど稲盛の能力を見込んでいたのだろう。また両親のもとへやって来て、今度は私立の鹿児島中学を受験させてくれることになった。ここではどうにか受かることができた。

だが、時代の方はただならぬ様相を見せていた。家族は空襲を避けて近郊の山村に疎開、二〇年八月六日には家が焼け、敗戦後、畩市と稲盛の兄・利則が中心となって海水から塩を作る塩たきを、キミは古着の行商を始めた。焼跡の闇市の時代と青天井の下での授業が始まる。そして空襲のどさくさの中をあちこち逃げ回っている間に、稲盛の結核は治っていた。当時、稲盛家の家族は中風で寝たっきりのじいさんを含めて一〇人だったから、この人数が食料難の時代に食べていくことは容易なことではなかった。

昭和二三年、稲盛は中学を卒業、両親は稲盛が働くことを望んだ。しかし、稲盛は高校進学を主張、それまで怒ったことのなかった父の激しい怒りを買ったが、ついに自分の主張を通して進学した。

当時の子どもたちは、すべからく野球少年であった。〝赤バット〟の川上、〝青バット〟の大下たちが憧れのスターだった。稲盛もその例外ではなく、中学校時代から速球派のピッチャーであり、玉龍高校に進んでも両親の苦労をよそに、学校が終わると友人たちと野球に興じた。一年生のある日、キミは和夫をつかまえて説教をした。

「お父さんと高校へ行くかどうかで喧嘩したのに、金持ちの子と遅くまで野球してるなんて……」

ここから稲盛の最初の〝商売〟が始まる。戦後、キミは夫にもう一度、戦前の印刷所を始めてもらいたいと思ったが、畩市にその気はなかった。戦前の取り引きのコネを生かして紙で闇商売をすれば儲かることは分かっていたが、そういう危険な橋は決して渡ろうとしなかった。職人として機械を扱う腕の確かさや、律儀で実直な生き方といったものは、闇成金を生んだあの時代には何の役にも立たなくなっていた。戦前において美徳であった父の生き方を、戦後社会は一挙に不要なものにした。

結局、また紙袋作りをすることになり、機械はないから、畈市が大きな包丁で紙を裁断した。紙袋の大きさを組み合わせて、できるだけ無駄がないようにぎりぎりに断つという工夫は畈市ならではのものだった。

「無駄を出さないようにしたから儲かったんだ」

と、畈市は後年、子どもたちに語ったという。

意に添わぬ松風工業入り

さて、稲盛の仕事は、その紙袋を売り歩くことだった。行きあたりばったりに何かをするということを好まない稲盛は市内を七ブロックに分けて、自分が〝商売〟に行く一週間の予定を立て自転車で回った。明るく人なつこい性格で人を笑わせるのが好きな半面、大変臆病で恥ずかしがり屋の面を持つ稲盛は、

「ご免ください。紙袋いりませんか」

と訪ねた先で、同じ年頃の女の子でも出てくると、もう一言も言わずに逃げ帰った。

とはいえ、この商売は上々の成果を上げて両親を喜ばせるのだが、野球に熱中していた時代と違い、学校から帰る時間が早くなった稲盛は、それまでとは違う連中と一緒に下校するようになった。大学進学を目指して『螢雪時代』などを読んでいる〝螢雪派〟である。月遅れのものを借りて東大の写真などを見ているうちに、稲盛は自分も大学へ行きたいと思うようになった。

螢雪派の話を聞くと、帰宅するやすぐ復習、予習をして、夕方になるとテニスなどの運動を、夕食後深夜の一二時まで勉強するという、稲盛には信じられないような生活である。自分は夕方の七時頃まで紙袋を売って疲れて帰ってくる。彼らに負けまいと思っても、勉強できる時間の長さは絶対的に少ない。とすれば、食事のあとにする勉強の密度で差をつけるしかない。与えられた時間を目いっぱい使うという態度は、その後の稲盛に一貫する明瞭な特徴の一つである。

この努力が実って、学校の成績は全校のトップクラスとなった。そしてやって来る次の節目は、大学進学である。三つ上の兄は働いており、和夫に進学をすすめたが、両親は就職を望んだ。とくに畩市《けさいち》は長男が行っていない大学に次男坊が行くことはないと強硬に反対した。長幼の序を重んじる鹿児島人としても当然の考えではあった。だが、ここでも稲盛に手を差し伸べてくれる人物が現れる。高校の担任の先生が、稲盛の才能を惜しんで畩市とキミを説得してくれたのである。稲盛は奨学金とアルバイトでやっていくことを約束して、両親の許可を得た。

稲盛の志望は医学部だった。同居していた畩市の弟二人がともに結核で亡くなり、自分も結核になったことから医者になりたいと思った。こうして阪大医学部薬学科を受けるのだが、ここでも見事に失敗してしまった。田舎の秀才は通用しなかった。稲盛は浪人をしたいと思ったが、それは許されず、当時のいわゆる〝駅弁大学〟である県立鹿児島大学工学部を受験し合格した（当時、同大学に医学部はまだなかった）。

大学での成績は抜群であり、友人たちからは〝親分〟と呼ばれる面倒見のいい存在だった。だが、稲盛が卒業する昭和三〇（一九五五）年前後は不景気で、就職難の時代であった。化学を専攻していた関係から、当時の花形産業である石油関係の会社に入りたいと思った稲盛は、帝国石油と積水化学工業を受けたがどちらも門は狭かった。やっぱり駅弁大学ではだめか、と稲盛はまたしても苦い思いを味わわなければならなかった。

「やることなすこと全部、うまくいかんわけです。中学ダメ、大学ダメ、就職ダメ、家は貧乏で子だくさん。もうどうにでもなれと、グレようとするわけです。大学では空手もやりましたから、組に入ってインテリヤクザになってやろうかと思ったり、相当努力をしても裏目裏目と出てくるわけですから、自分の人生に希望なんてないなどと思いますね」（稲盛）

それでも担当の教授があちこち駆けずり回って、京都にある松風《しょうふう》工業という碍子メーカーにやっと口が見つかった。碍子というのは焼物である。この窯業の世界というものは、化学を専攻した学生がもっとも行きたくないと思っている分野だった。今でこそファインセラミックという焼物の分野は新素材の一分野として脚光を浴びてはいるが、当時はセラミックという言葉もほとんど使われていなかった。会社もボロ会社だった。

一芸に秀でると宇宙が見える

一緒に入社した大卒が何人かいたが、みな不平不満でブーブー言う。稲盛もその尻馬に乗ってブーブー言っていた。他の連中は間もなく会社に見切りをつけて辞めていってしまった。

「会社もいやで焼物の研究もいやで、辞めたい辞めたいと思っていました。ところが、家には仕送りをしていましたし、私は簡単に職を変えられるような環境におりませんでした。そこで、その与えられた場で一生懸命やっていかざるをえませんでした」

大学の化学実験では実験器具を壊すのはしょっちゅうで、そそっかしくとんまなことばかりしていた。だから何か宝くじに当たるような僥倖《ぎょうこう》に恵まれるなどということは考えられない。その注意散漫であることがいやというほど身にしみて分かるのは、松風工業で研究を始めてからで、鹿児島的陽性さには欠けている、細心さや忍耐が仕事には必要だということが分かってきて、そこから稲盛は変わっていく。変えようと努めた。

こうした体験を踏まえて、玉龍高校の後輩たちに稲盛はこう話している。

「私はよそに行くことができませんでしたから、そこで頑張ったのですが、これが実はよかったと思います。つまり、最初からいい仕事というのは絶対あるわけではない。自分に与えられた仕事、それを本当に粘って粘って、鹿児島人の明るさ、陽性さ、素直さ、そういうものは持ち続けて、そして忍耐力を持って続けるんです。私が大学を卒業して二五年です。たった二五年でこれだけの仕事ができるんです」

稲盛は、その仕事が何であれ一芸に秀でることによって宇宙が見えてくるようになると説いているが、それは決して現状に甘んじていろということではない。今の辛さを辛抱していろとだけ言っているのではない。

「辛抱しながら何をするのかと言いますと、常にこれでいいのかということを考えるんです。だから、決して昨日と同じことをしてはいけません。小さい範囲の中であっても、毎日毎日これでいいのかということを反省するのです。そして、改良するのです。つまり、あらゆるものに対して疑問をはさむんです。それを二〇年間繰り返すと、素晴らしい進歩をするはずです」

稲盛がここで説いていることも、やはり特異な内容ではない。この時から七年ほど前の昭和四六年頃、稲盛は途中入社の社員たちにこんな話をしている。

「中学生の頃から二十数年経っていますが、あっという間に年がいったような気がします。一杯飲んでしゃべっていると、あの頃の青春のあの時代にふっと帰ることもすぐできるわけですね。その間、何をしていたんだろうと思うと、人生は幻みたいに瞬間に過ぎ去っていくんじゃなかろうかと。これからわれわれがよぼよぼになるのも、あっという間かもしれない。とすれば、一日一日をどれぐらい真剣に生きなきゃならんか。素晴らしい人生を過ごすか過ごさないか、そこにかかってくるように思います」

ここには軍国少年として幼年学校に入り、空に散る生涯を予定していた昭和ひとケタの情念がこもっているようにも思える。それはまた、明治生まれの名もない普通の庶民としての、両親の当たり前の生き方に対する子としての加担でもある。

松風工業で優れた成績を挙げた稲盛は、やがて上司と衝突し退社する。ここでもまた稲盛は自分に手を差し伸べる人間と出会い、京セラを設立することになる。それはそれまでの稲盛の人生の一つの帰結であり、かつ新たな出発であった。

第八章　日常の生きざま

「素晴らしい経営者とは、その都度、正しい判断ができる人です。それは〝いざ〟という時に出るものではなく、普段からの仕事に対する熱心さ、どんな些細なことでもおろそかにしないで真剣に処理してきた、その集積度というものが〝いざ〟という重大な時に非常に役立つということです。日常なまくらな状態であれば、決して大きな仕事ができるわけがありません」（昭和五七・一九八二年一月、第一回経営会議でリーダーのあり方を説く）

経営者に求められる資質

京セラでは関係企業が増加し、かつ多様化したことに対応して、五七年から毎年二回、国内と海外の経営責任者約二〇〇名を一堂に集めて「経営会議」を開いている。その第一回目の会議の席上、稲盛はリーダーのあるべき姿、心の持ち方について話している。稲盛は、経営責任者のことを〝経営者〟と呼んでいるが、ここで、その経営者が必要とする資質として次の十項目を挙げている。

第一に、明確な経営目標を持つこと。同時に、その目標を達成できることを信じ、その目標と達成方法を部下に明確に示し、部下をして自信を持たしめる。

第二に、目標達成の具体的、論理的な方法を検討し続ける。

第三に、その方法について部下の意見を聞き、正しければこれを採用する。これは、いいアイデアの採用ということと、部下をして経営企画に参加しているという意識を持たせることを意味する。

第四に、目標達成の諸方策を毎日、真剣に気を込めて実行に移していく。そして実行した結果を必ずリビュー（見直し）して、さらに新しい方策を検討する。

第五に、特に京セラグループの経営者としては物事をジャッジメント（判断）する基準を「人間として何が正しいか」ということに置くべきである。これは自己を中心にした利己心、欲望などの本能心に基づくような考えからくる正しさではなくて、自己の欲望を超えたところからくる人間の正しさということである。

第六に、部下に対しては大きな愛情で接し、会社の運営をして欲しい。

第七に、経営は大きな経営であれ小さな経営であれ、すべて細かい数字の集積であり、そういう積み上げがなくして経営はできない。

第八に、月末に経理から出されるＰ＆Ｌ（損益計算書）を見て経営をするのではなく、毎日のオペレーション（経営）の中でP&Lを作っていくという実感を持って経営すべきである。

第九に、以上の諸点を経営者として実行していくことを一定期間続けることによって、その経営手腕は素晴らしい伸びをみせる。その手腕を持って他社で仕事をしても、高い給料をもらうことができる。払った苦労は、各自の能力が増すことによって報いられる。

第十に、経営者は全従業員の模範になるべきである。その倫理観、金銭に対するきれいさ、勇気ある行動、それらが部下の模範となり、部下に対する教育となる。つまり、部下のみんなからいつも見られていることを念頭に置き、自分の日常を律しなければならない。

腐ったリンゴは早く捨てろ

この経営会議には外国人も参加しているので、彼らにも理解しやすいように、稲盛は日頃の自分の考え方を整理して話したと思われるが、その内容をもう少し詳しくみると、いかにも稲盛らしい発想がその背後にあることが分かる。

たとえば、第五の「人間として何が正しいか」を判断の基準とし、それを自己の欲望を超えた所から出てくるものだ、と言う時、アメリカの子会社キョウセラ・インターナショナルでの〝事件〟を稲盛は思い起こしていたのではあるまいか。それはアメリカ的個人主義と稲盛イズムの衝突でもあった。

赤字続きのため、さすがの稲盛も撤退を考えたこともあるサンディエゴの工場がようやく黒字

になったとき、稲盛はアメリカ人の工場長に、

「皆を励まして動機づけをするために一カ月分のボーナスを出したい」

と提案した。その工場長は言下に、その提案を批判した。

「黒字になったのは私の能力によるものであり、皆がよく働いたからだと言うのは日本的発想である。ミスター・イナモリがどうしてもボーナスを出したいと言うのであれば、その半分か三分の二を私に払って、残りを皆にやりなさい」

そう主張する理由を彼はこう説明した。

「ボーナスを出せば皆喜ぶだろうが、会社に対して忠誠心を増すだろうと考えているのであれば、それは間違いである。さらには、一カ月分余分に出たことで、従業員の三分の一はどこかへ遊びに行って出社しない。工場はストップする。だから、私に半分以上をくれた方がいい」

これを聞いた稲盛は、激怒した。

「どんなにドライな個人主義の社会であっても、人の上に立つ者は自己犠牲を払う勇気がいる。リーダーまでが個人主義であったのでは、組織は運営できない」

稲盛は直ちにその工場長をクビにし、従業員にボーナスを出した。

もちろん、皆喜んだ。ロイヤリティ（忠誠心）が生まれることを稲盛は期待していたわけではなかったが、また何人かが翌日出社しなかったにせよ、工場長が予言したようなことは起こらず、ボーナスを毎年継続することによって、従業員は、ボーナスを継続するという会社の誠実さを理解し、稲盛の言うことを信じるようになったという。

また、第六の、愛情を持って部下に接することを、常に自分の子どもを溺愛するような愛情ではなく、仏教思想で言う「大善」なのだという説明をしている。

「小善はたとえば自分の子どもがかわいいばかりに子どもの独立心を養うことをせず、成長した時にかえってその子を不幸にしてしまうようなもの。大善というのは、ただ溺愛するのではなく厳しい躾《しつけ》の教育をすることによって、一面では非情に見えるかも知れないが、成長して立派な人間になるような場合を言う。小善は大悪に変わるとも言われる。大善こそがわれわれが持つべき愛情である。

成績の良くないマネジャーに辞めてもらうということを再三やっているが、これは愛情がないからではなく、彼がいることによってかえって会社全体が悪くなり、その本人にとっても幸せなことではないからだ。また、常に不平不満を言う人にも辞めてもらっている。そういう不平不満は本人だけにとどまらず、会社全体の雰囲気を悪くするからだ」

ここで稲盛はヨーロッパのことわざである〝腐ったリンゴは早く捨てなければならない。すべてのリンゴが腐るから〟を引用している。

経営者の生きざまを現せ

ところで、四番目の、目標達成のための諸方策を毎日、気を込めて実行に移せ、ということと、八番目の、損益計算書を毎日のオペレーションの中で作っていくという実感を持って経営せよ、ということとは、実は本質的に同根である。

つまり、経営者としての、リーダーとしての日常性、あるいは起居動作の心の持ち方について言っているのである。

「毎日真剣に気を込めて仕事をやっていると、物事に対する判断力が鋭くなってくる。いつも真剣に取り組まずに、重大な問題が起きた時にだけ気を使おう、真剣にやろうとしても決してよい判断はできない」

「損益計算書は月末に突然、現れるわけではない。毎日のオペレーションの中で作られるものだ。月末にどこに着陸するつもりなのか、ある日経営から気をそらした時には、自分の乗っている飛行機がどこへ行ってしまうか分からない、ということを覚悟せねばならない。月末の計算書によるエクスキューズ（言い訳）は許せない。それ（損益計算書）は経営者としての、その人の毎日の生きざまが現れた結果だ」

こういうことを言っている経営者はほかにもいるだろうが、経営という一見、手法のように見えるものを、人間としての日常のあり方、いわば息遣いと同じ次元で、これほど明確にシビアに語る経営者はまれだろう。

それは学者、芸術家、作家といった創造者のあり方に近似してくる。その分かりやすい例を挙げると、将棋の大山康晴がいる。大山は三四、五歳頃、名人、王将位などを奪われて無冠となり、収入も三分の一に減ったことがある。このスランプからの脱出のため大山が実行したのは、将棋の指し方を変えることではなく、日常生活を変えることだった。

五年間も名人の座にあることによって派手になっていた生活を他人に迷惑のかからない範囲で切り詰め、お手伝いさんを帰し、タクシーを電車にした。一日一〇〇本のタバコもやめた。体調も良くなり、勝負で終盤のミスをすることもなくなり、二年目には立ち直ることができた。そこから生まれたのが、

「将棋は盤上の技術だけで勝ち通せるものではない」

という哲学であった。

物事をいいかげんにしない

話を稲盛に戻すと、稲盛は経営者として正しいジャッジメントをするためには、まずどういう状況下にあるかを鋭く観察することが必要だという。それはどういう鋭さなのか。

「非常に鋭い観察をしようとすると、それは鋭く神経を集中（コンセントレーション）することになる。そしてこのコンセントレーションは、これは大事な問題だからといって、なかなかできるものではない。〝気を込めて〟注意する、一生懸命精神を集中するということには習慣性があり、常にどんな些細なことにでも精神を集中する習慣のある人は、どういう局面でも集中できるが、そういう習慣がないと、いざという時になってもフォーカス（焦点）が絞れない」

ここで稲盛が言う「習慣」は「日常性」と言い換えてもいい。そして、この「注意」も、稲盛にあっては単なる注意ではない。

「人間は興味があるものには、自然と注意や関心が向く。しかし、興味のないもの、たとえば仕事上のトラブルなどは初めはなかなか気が向かない。それに努めて意識を向け、意識を働かせて有意注意をする。意志をそちらの方へ向けて注意を注ぐということを習慣づけねばならない。つまり、日常の生きざまというか、その人間のライフスタイルそのものが常に〝いざ〟という時の判断力を左右することになる」

京セラの創業に参加し現在、常務である岡川健一は、稲盛から学んだ大事なことの一つとして「物事をいいかげんにしない」ということを挙げて、次のように話している。

「社長はどんな小さい問題にでも、全力を挙げて真剣に取り組まれる。軽いことだからこれくらいでいいという気持ちでいると、木端微塵《こっぱみじん》に叱られる。東京営業所に初めてテレックスが入った頃、出張で上京した社長がテレックスを打っている女子従業員のことで私に注意した。テレックスがどういう料金になっているかを理解していながら、なぜ無駄な打ち方をしないように指導ができないのかと、三行ほどのテレックスのことで一時間近く本当に真剣に叱っていただいた」

創業して四、五年経った頃、稲盛と一緒に納品先を訪れたとき、岡川は稲盛からどういう順番で先方の人に会うかを聞かれ、

「社長は、適当にアレンジしろとおっしゃいましたが」

と答えた。とたんに稲盛は血相を変え、

「適当にしろ、などという言葉は一回も使っていない。相談を受けた以上、必ず具体的な答えを出しているはずだ」

と、その場で叱ったという。

稲盛は言う。

「部下に話をする時でも、軽い話なんてのはダメで、能もないし芸もないけれども、必死だということだけはひしひしと伝わるような話し方をしなければならない。それは言霊《ことだま》となって飛び出して行き、相手の心を打ち、魂を揺さぶる。何事にせよ、集中せずに気を抜いたものは全部失敗し、集中したものは全部うまくいったと思う」

生きている実感

稲盛のコンセントレーションの具合を、実際に再現してみるとこんなふうになる。

「上に立てば立つほど、次から次へと一日のうちにテーマがいくつも変わるから、大変な数の応答をしなければならないが、軽く流す習慣の人間であれば、身動きが取れなくなるだろう。その短い間にどれだけ集中できるかという問題だ。

私の場合、話をしている時に相手と同じレベルまで高まって行って、同じ渦の中に入り込んでしまう。相手が持ってきたテーマと同じテーマの中にどぼんと入り込んでしまう。すると、周辺のことは消えてしまう」

そういうどぼんの時に秘書がやってきて、稲盛に約束していた人の来訪を告げる。秘書としては当然のことをしたまでだが、かわいそうなことに、この秘書は「馬鹿モン」とどなられてしまう。

「ディスターブ（邪魔）されることが非常に嫌い。新製品の営業方針について議論をしていた時、銀行の支店長が転任のあいさつにきた。一分間でいいから、という。一分だけと言うけれども、その一分が困る。それによって、コンセントレーションが破られてしまう。何と冷たい、偉そうなことを言う社長だと思われるかも知れないが、その一分でコンセントレーションがゼロになってしまう可能性もある。それほどまでに精神の集中というものはエネルギーを要する」

そうすれば、いったい、いつどこで息をするのかということになる。

「ノイローゼになるくらい考え詰めるのでなければものにはならん、一人前にはならんと思っているが、本当にノイローゼになっては困るので、神経を休める。気分を転換することは必要になる。散歩でもいい、一人で飲むのもいい。パチンコでもいい。自分で気分を転換するということがどうしてもいる」

気分転換の方法はどうあれ、経営者としてのいいジャッジメントは「まさにその人の日常の生きざまで決まる」ことになる。これをさらに深めると潜在意識になり、さらに深めると心霊論になり、さらに深まる、あるいは高まると宇宙論へとつながる。それはまた別に論ずべきテーマである。

結局、稲盛は会社という場で、自分が生きているという実感をどうやって味わうか、について多くの言葉をついやしているようにみえる。だから、経営論がついには人間論になる。それがおそらく稲盛イズムの魅力であるとともに、稲盛イズム批判のよってきたゆえんなのだろう。

「会社がこれだけ大きくなってくると社員が何とはなしにやっているだけで十分いけるものだ。

しかし、何とはなしに会社がうまくいっているというのが一番ダメだ。良いなら良いなりの状態に貢献しているということを、実感として感じられなければウソだ。オレがいるから、その職場にいるから、という実感がないといけない。また、そういう生きざまがまさに生きている実感であって、それがない生きざまなんてものは死んでいるのと同じです」

第九章　非難の渦

「人ができない発明発見、ユニークな発想を生み出し新しい展開を行っていくためには、いい意味での無頼性がいる。それは、〝頼るものがない〟ということで、他に頼らないことだ。自主独立で自由を重んずる。自らによりどころを求める。それが創造性につながる。無頼性―自由性―創造性となる」（昭和六〇・一九八五年七月一七日、京都本社で、筆者のインタビューに答えて）

出る杭は打たれる？

自称〝田舎大名〟の京セラは国家的事業とも言える、いわゆる第二電電へ名乗りを上げて以来、急成長・超優良企業ともてはやされ、別の形で世の注目を浴びるようになった。相継いでその京セラの問題点を前面に押し出したいくつかの本が出版され、それに追い討ちをかけるように、人工骨（バイオセラム）とコードレス電話の販売方法が〝なりふり構わぬ法を無視した商法〟として指弾を浴びた。

　昭和五〇年代初め頃までの京セラは旧社名の京都セラミックが示すように、セラミックによる電子部品のメーカーに過ぎなかった。しかし、社長の稲盛は自社の持つ専門技術の延長上における製品の多角化と、それによる経営の安定化を図り、そこから生まれてきたのが再結晶宝石クレサンベールと医療器具としてのバイオセラム（バイオロジーとセラミックの合成語）だった。この両者の開発が昭和五〇（一九七五）年、この年は奇《く》しくも株価がソニーを抜いて日本一となった年であるが、皮肉なことに二つの新製品はほとんど注目されなかった。電子部品メーカーがファッションと医療の分野に進出することなど、世間には馬鹿げた道楽としか映じなかったに違いない。その後、CBトランシーバーのメーカーとして急成長を遂げながら急激に業績が悪化したサイバネット工業を合併（五四年）、京セラは電子機器の最終商品も生産するようになった。これも稲盛の目指す多角化の一環だった。

　セラミックは鉱物結晶体を高温で焼き固めたものだが、酸化アルミニウムの単結晶は宝石のサファイアと同成分、サファイアそのものである。これは金属と違って生体になじみやすいが、何十年も海水中に置いても腐蝕しない。稲盛はこれを人口の歯根として利用することを考えた。五三年一一月には厚生省の認可を得、科学技術庁の同年度「注目発明賞」に選ばれた。その頃、筆者は『ある少年の夢　京セラの奇蹟』の取材のため同社を訪れ、たまたま開かれたコンパに同席する機会があったが、その時、四六歳の稲盛は青年のような若さ溢れる喜びを全身ににじませ

ながら、

「初めはだれも相手にしなかったバイオセラムの方を、ようやく大学の関係者たちが向いてくれるようになった。ほんとに嬉しい、ほんとに嬉しい」

と若い社員たちに話しかけていた。

それから数年後の昭和六〇年、京セラと稲盛は非難・批判の渦の中に立たされた。そのあげく『週刊文春』の同年七月一一日号は、稲盛とはまったく別人の写真を稲盛批判の記事とともに掲載するハプニングもあった。

〝直角登攀〟が信条

こうした一連の問題について稲盛は言う。

「当社を辞めた人たちが、うちについて悪く言うのは別におかしいことではないと思っています。この連載記事の中にも書かれておりますように、私はこのたった一回しかない人生を精一杯、一生懸命生きていきたいということを社員に話し、そういう生き方を社員と一緒にやってきました。そして、その心というものが大事だ、と私は言い続けてきました。怠けた生活をして人並み以上にいい生活をしたいとか、人をそしったり、人の足を引っ張って組織の和を乱すようなことをしてはならない、とも言ってきました。人を陥れたり、悪口を言ったりするそのことが、自分の心を汚くすると言ってきました。

そういう生き方をしてきましただけに、いま言ったことに反するような人がある場合、私は勇気を出して辞めてもらいました。そういう人が当社に対していい感情を持ってないことは十分知っております。怨みごとを言うであろうことも承知のうえです。出回っている本もよくは読んでおりませんが、たぶん事実を語っているだろうと思います。私はその非難を甘んじて受けようと思っております」

稲盛は、鹿児島大学を卒業してはじめに碍子メーカーの松風工業に勤め、そこで当時、注目され始めたファインセラミックの商品化に弱冠二〇代で成功したが、実はこの松風時代に稲盛はある〝問題〟を起こしている。この商品はフォルステライトといい、電子工業の絶縁材料として優れた特性があり、研究者であった稲盛は二十数名の部下を使って、その製造にも携わった。その頃、松風工業の労働組合はストライキに突入した。

「忘れもしませんが、私たちフォルステライトを製造していたグループは工場内にこもりまして生産を続けました。それは会社側に頼まれてやったわけではありません。ストライキによってお客を失うという危機感があったからです。当時、松風工業は赤字続きで給料遅配が慢性化しており、社員は定時内はだらだら仕事をして、残業代稼ぎをするのが当たり前のようになっていました。私はそういうやる気のない社員がフォルステライトの製造部門にくることを、会社の命令をはねのけて拒否し、わざわざ職安まで出かけて私の判断で人を採用してきました。ですから、会社側からも理解のない態度で接しられました。

組合からはスト破りとして異端視され、孤立無援の中で新製品の生産を続け、お客さんには一切、迷惑をかけませんでした。私は自分の信念に忠実に一生懸命に正しいことを貫いてきたと思っていたのに、四面楚歌の中にありました。私は夜遅く一人で、工場の裏手にある小川のそばの木の下で考えにふけり、考えあぐねて五年、六年先輩の社員に相談しました。すると、その人は『あんたのやり方はあまりストレートで、それが周囲に理解されず摩擦が生ずるんだ』と忠告してくれました。つまり、いい意味での妥協が必要だということを教えてくれました。なるほど、と思いましたが、それでも私なりに納得できるまで考えてみたいと思いました」

このとき稲盛は、険しい山を登ろうとするパーティを引き連れたリーダー、という比喩で自分のあり方を考えた。

「工場運営については未熟ですし、登山で言えばロック・クライミングの高度な技術を持っているわけではありませんが、そびえ立つような岩山に正面から挑もうとしている自分というものに気づきました。ついてくる人たちの中には岩盤にひるみ、落伍する者もいるわけです。先輩が言う妥協とは、正面からの挑戦は困難だから、山裾から緩やかな傾斜をたどって登って行く方がいい、ということだろうと私は考えました。それでも私は、直角登攀の無謀さを知りつつ、その道を取ろうとし、今もそうしているわけです。

なぜなのか。私もしょせん弱い人間です。パーティに、山へ登る恐怖心を起こさせないため、緩やかな登り方をした方が賢明かもしれませんが、そういう易きについて徐々に登っていくうちに、また、それを何年も続けていくうちに、険しい頂に登ることを忘れてしまうのではないか。易きに甘んじ楽なことに溺れて、二度と頂を極めようとは思わなくなっていくかもしれない。あるいは途中で、もうこれぐらいでいいだろうと言って諦めてしまう自分というものが想像できました。

人間というものは、甘い生き方をすれば自分も甘くなってしまうだろうと思い、自分は決していいかげんなことはしていないし、正しいことをしていると固く信じ、どういう非難があろうとも目指す頂上に向かって険しい道を登って行こうと決心しました。

私は、この集団の幸せを得んがために、いいかげんな生き方を好む人、みんなと同じ心になれない人については厳しく対処してきました。そういう人たちが当社の行き方を非難するのは当然だと思っています。確かに、当社は厳しい会社ですが、そういう生きざまを肯定し、その生きざまで生きてきたということを声を大にして言ってもいい、そういう集団があってもいいと私は思っています」

〝売らんかな主義〟か

次に、問題となった人工骨についてである。

稲盛は、それが薬事法に違反した事実を認めつつも、新聞に報道されたような、医者をだました売らんかな主義によるものでは決してないと、次のように言う。

「バイオセラムは歯科用インプラントから始めましたが、医者になじみが少ないため講習会などをたびたび開いて啓蒙普及活動を図ってきました。

そのうち人工骨、人工関節の開発が進み、国立大阪南病院の先生と人工股関節（ヒップ・ジョイント）の共同開発に成功し、国の承認を得て販売しましたが、セラミックという新素材に対する認識は整形外科医の間でも非常に薄く、そのため全国の整形外科医約二〇〇名を中心にバイオセラム・インプラント研究会を作って共同研究を進めました。

そして、医師は股関節の成果を見て次々に新しい人工骨を要求し、骨ガンの患者のための特注品の依頼もありました」

ただ、薬事法は材料だけで認可するのではなく、関節、骨のそれぞれの部分の形状と寸法を入れた図面と、それに基づく臨床治験を最低六〇症例提出しなければならない。そして薬事審議会の審査を経る必要があり、認可が出るまで一、二年かかる。もし形や寸法が違うと、それは〝規格外品〟として〝薬事法違反〟となる。

「医師は患者を目の前にすると、当然何とかしてあげたいと思い、当社に対して〝規格外品〟を要求します。人を助けるという立場からは、規格外でも作って差し上げたい。そのようにして、患者と医師の要請によって販売したものが問題とされたのであって、バイオセラムの良否の問題ではないのです。

新聞で叩かれたような売らんかな主義だけで、全国の大学病院を含む約八〇〇の病院に売れるわけがありません。当社が医薬業界の雄であればともかく、会社として何のコネクションもないところに出ていって売れるのは、患者の要求があり需要があったからで、法律を犯して専門家である医師をだまして売れるはずがありません。うちの社員は騙すことなどとてもできません。それよりは、困っている人がいたら何とかして助けてあげようとするのが、わが社の社員です。確かに、法律は犯しておりますから非難は甘んじて受けます。また、それに耐えております。しかし、会社そのものがいいかげんなことは決してしておりません」

これまで売った人工骨は総計二二億円、そのうち寸法が認可範囲からはみ出した規格外品が数億円ある。

京セラは、その保険費の返還を厚生省から求められ、それに応じた。

あらぬ疑いのコードレス電話

もう一つの問題が、コードレス電話である。京セラの電子機器事業本部は五八年春からこれを売り出したが、郵政省は同年五月、電波法及び電気通信事業法違反の疑いで製造・販売の中止を勧告、京セラはそれに従った。

「東京の秋葉原や大阪の日本橋では輸出用に作られた、電波出力の高いコードレス電話が堂々と売られています。日本の一流メーカーのものもあります。これは、電波法に定められた公衆電波に害を及ぼさない微弱電波の範囲を逸脱しております。それで当社は、電波法の範囲内で作動するコードレス電話を売り出したわけです」

ところが、電気通信事業法では、当時の電電公社が認定したものでなければ公衆回線に接続してはならないとなっており、もし接続した場合、罰則はないが撤去を命じることができることになっている。そこで京セラは、公社に認定を申請したが「認定基準がない」ということで、一年少しして申請書は返されてきた。しかも現実には、違法な製品が市場に出回っている。

「電電公社の人たちに聞いてみたんです。電波法に違反しないで、家の中のどこからでもかけられる有用なものだから認定しないのはおかしいじゃありませんか、と。すると、もうすぐ公社も民営化され端末も解放されるから、事情も変わるだろう、と言う人もいるわけです。

今度、特に問題にされたのは、当社の製品が電波法を超える強力な電波を出す恐れがある構造になっている、ということでした。当社は良心的に作りましたから、少し離れるとかからないことがある。出力を上げるため回路中のコンデンサーを一個はずすと、確かに出力は上がりますが、それでも電波法の範囲内です。

結局、もう一つのコンデンサーをはずすとさらに出力が上がり、そのように改造した人が一、二あったということから『京セラは電波法の範囲内と言っておきながら、すぐ改造できる構造のものを売っている』という形で批判されたわけです。

確かに、二個切ると出力は上がりますが、非常に不安定で雑音も入り電話としては使えませんし、中を開けてもどのコンデンサーなのか専門家でないとわかりません」

しかし、疑いを持たれる事実があったことを京セラは認め、命令どおり全品回収を行った。

これら一連の〝事件〟を踏まえて稲盛は言う。

「ベンチャー・ビジネスがスモール・ビジネスを展開していく。その場合、経営者に要求されるのは、〝溢れるような知的好奇心〟と〝論理的なバーバリズム〟、野蛮性です。しかし、未知の世界、人がやらない世界へ踏み込んで行くわけですから、単なるバーバリズムではダメです。先端技術の企業であればあるほど、未踏の世界に入って行くから法律との接点に問題が出てきて、ヘタをすると命を落とすような危険にさらされる。しかし、そのことにいちいち怖気《おじけ》づいていたのでは革新はできない。もっと慎重さが必要であったのだろうが、慎重にすぎても物事は進展しない。それはまさに紙一重です。萎縮してはならない、と社員に言っております」

第十章　京セラと日立の文化

「この賞を制定した理由は、少なくとも二つあります。一つは、私の人生観そのものと関係します。この世における人間の最高の行為は『人のため、世のために尽くす』ということです。また、今日まで私を育《はぐく》んでくれた人びと、および私を生かし続けてくれた世の中に恩返しをしたいという気持ちもあります。二つは血のにじむような努力を重ねることにより、科学と文明の発展、人類の精神的深化のため、偉大な貢献をなした人びとを顕彰し、その労に酬いることは意味のあることです」（昭和五九・一九八四年、京都賞の制定にあたって）

「自分が持っている知識や技術だけで、人を率いようとするのは間違っている。仕事が大きくなり、部下の数が増えれば増えるほど、この徳をもって臨むということが大切になってくる」（日立製作所創業者・小平浪平《おだいらなみへい》）

昭和六〇年の秋、関西を中心に発生した阪神タイガース・フィーバーは〝文化〟が経済社会に与えるインパクトの意味について示唆を投げかけるものとなった。企業経営においても、〝文化〟

の持つ意味合いは大きい。株価、売上高、利益率、社員数などのように数量化できるものではないトップの思想、その人間性、トップへの社員の信頼度などを〝文化〟と呼ぶとすれば、稲盛イズムを語ることは、そういう意味での〝文化〟を論ずることだった。

そして似たような〝文化〟は、七五周年を迎えた日立製作所にもまた存在する。両者を比較することによって〝稲盛神話〟が特別なものではなく、企業が生成し発展する時に作用する〝文化〟には、もしかしたらある種の共通性、普遍性があるのではないか、そのことを試考してみたい（日立については拙著『技術王国・日立をつくった男』ＰＨＰ研究所刊を参照）。

「創業の思想」

まず、「創業の思想」がある。会社は誰でもつくることができるが、それを成功させる経営者は少ない。日立、京セラの成功は、「創業の思想」をトップが抱き続けて、それを現実化したことにある。

日立の創業者小平浪平は明治三三（一九〇〇）年、東京帝大工科大学電気工学科を卒業後、秋田の小坂鉱山に電気技師として入社、発電所の設計・建設に当たった。その後、東京電灯（現・東京電力）に入社し、当時、東電が計画した山梨の桂川を利用した日本で最大規模、世界でもトップレベルの発電所工事に送電課長として関与した。だが、途中で退社し久原《くはら》房之助《ふさのすけ》（のち政友会総裁）が経営する日立鉱山の工作課長となった。学生時代の見聞と技術者としての体験の中で、日本の工業が外国技術導入のみに頼っていることに疑問を抱いた。自前の技術＝国産技術による機械製造が、日本のために必要だと考えたからである。しかし、それを久原が小平にあらかじめ許していたというものではなく、鉱山用のモーターなどの修理をしながら技術を蓄積したうえで、かなり強引に小平が久原を説き伏せて製作所設立に至ったのである。それは「創業の思想」なしには不可能なことだった。

一方、稲盛は大学卒業後就職した碍子メーカー松風工業で、昭和三〇年代初期に注目されはじめたファイン・セラミックの研究開発に取り組み、新商品の開発に成功した。そして、アメリカから出たセラミック真空管の概念に基づいた新製品の開発を日立製作所から依頼されたが、その成果がなかなかあがらずにいた時期、松風工業の技術部長から、

「君の経歴と技術とではそこまで。あとはわれわれがやる」

と言われ、怒った稲盛は退社する。しかし、その時に、その技術とリーダーとしての優れた資質に惚れ込んだ二人の上司と、数人の部下とが稲盛と行を共にした。

そして、会社の設立資金を出してくれたのが、行を共にした一人、青山政次の友人である西枝一江で、西枝も稲盛の人柄に惚れ込み、自分の屋敷を抵当に入れてカネを工面した。

「私は君に惚れたから会社をつくってあげるけれども、君を中心に集まった人たちみんなの会社だから、みんなが株を持って頑張りなさい」

これが西枝の言葉である。こうして稲盛は、「技術をベースにした商品を世に問い、それによって得た利潤で生活する」ことと、「人と人との心の結びつき」を会社の経営の二本柱とした。

つまり、小平も稲盛も単なるアイデアやカネ儲けのために会社を設立したのではなかった。

精神性を重んじる

二人の生い立ちと会社のつくり方にも、ある共通性がある。

小平は明治七（一八七四）年、茨城に生まれた。父はいろいろな事業に手を出したが、収支が合わずに失敗。小平が中学生の時に四七歳で病没、三七歳の母には七人の子どもと膨大な借金とが残された。このため、秀才の誉れ高かった三つ上の長兄は第一高等中学を中退、銀行の下級事務員となり、小平は兄の言いつけで一中に進学、そのまま一高、東大へ進むことができた（偶然だが、稲盛も次男で長兄は三つ上、自分は高校を卒業してすぐに就職、稲盛はそのおかげもあって大学に進むことができた）。

このため、母や兄の労苦に報い、父の早逝によって失われた家族の団らんを自分の手で回復することが、小平の大きな目標となった。しかし、大学二年への進級試験で落第して母、兄の怒りを買うが、この失敗をテコにして、成績向上に努めるとともに自分が本来学びたい学門にも身を入れるようになる。落第した頃の日記には「摸倣で満足する限り、日本の工業は何ら論ずるに足りない」という一節があり、そこにすでに、国産技術による自立という、後年の日立製作所の「創業の思想」を見いだすことができる。そして、日立鉱山の修理工場にいる三〇代の小平のもとに集まった東大出身の秀才を中心とする二〇代の技術者たちは、小平の思想に共鳴し、小平を師と仰ぎ、その結果、同じ目的に向かう同志的結合がそこに生まれ、それがおのずと日立の社風を形づくった。彼らはお互いに肩書きで呼ばず、小平は常に「小平さん」であり、「おやじ」であった。

一方、稲盛の両親はともに長生きをし、小平のような悲運には遭っていないが、中学の入試に二度失敗し、二度目の失敗と結核にかかった時期とが重なった。父の弟二人が結核で死んでいることもあって、稲盛は医者になろうとして阪大医学部を受けたが、これも失敗している。就職試験も二度失敗し、ボロ会社に就職せざるを得なかったことも含めて、稲盛には「人生の節目節目における挫折の連続」という意識が強くある。そして『生命の実相』との出会いなどの宗教体験が、心のありようがいかに大事なものであるかを、少年期から青年期にかけての稲盛に教えている。

つまり、ある種の困難・失敗・挫折の体験と、精神性を重んじるという点は、小平、稲盛に共通している。そして二人が兄妹七、八人という大家族の中で育ったことは、日立、京セラにおいて家族主義的人間関係を重視する経営思想と深いところでつながっているように思われる。

合理性の追求がやがて社風に

その一方で、二人は経営における技術者的合理性の追求にも、創業時代から熱心であることも共通している。

その例として日立で挙げることができるのは、原価計算方式確立の努力だろう。創業時代は製品が失敗続きで、設計のやり直しや材料の削り直しが多く、鉄板の切れ端や不良品の再生使用もあることなどから、原価算出は極めて困難だった。そのため、製品重量に一定の率を掛けて原価を決める便法にすべきだという声があり、また、その方が割に正確でもあったが、小平はついにその便法を採らず、五、六年を費やしてネジ一本まで計上できる正確な算出法を編み出した。中小企業にありがちなどんぶり勘定を排する小平のこの技術者的な態度は、事業の拡張や他社の合併などによって増えていった工場の経営を把握するため、工場ごとに独立採算性を採用して、利益の出所を明らかにする手法につながっていく。日立がマンモス企業になっても、中小企業の集合体のような体質を持っていると評されるゆえんである。

京セラの場合は、アメーバ組織と「時間当たり」を挙げることができる。まず、創業一年目、昭和三五年四月から毎月、製造会議を開き、この場には資料として、受注予定、受注実績とその遂行率、生産予定、生産実績とその遂行率、月末受注残、納期遅延表、製品歩留表などが提出された。三八年五月に滋賀工場ができると、生産状況把握の指標として月ごとの稼働延べ時間、従業員数、一人当たり生産高、一時間当たり生産高も提出された。それを本社工場の指標と比較すると、生産高は常に本社工場が低い。そこで本社工場側では、生産高から原材料費と諸経費を引いて差引売上高を出し、それを総労働時間で割ったものを「時間当たり」と呼んだ（これは時間当たりの「付加価値」とほぼ同じである）。

青山政次によると、稲盛がこれに注目して、両工場にこの数字を出すように命じたのが四〇年四月ということだから、京セラの有名な「時間当たり」が経営指標の一つとして採用されたのが、創業六年目からになる。日立の原価計算方式の確立も創業五、六年目ということは、単なる偶然かも知れないが、その企業独自の合理的な経営指標が出てくるのには、そういう数字を出そうと努力して、なおそれくらいの時間がかかるということかも知れない。そして当然ながら、両者とも経費節減には大変厳しい。

昭和五三年秋、筆者が取材で京セラの滋賀工場を訪れた時の印象は、今も鮮明である。時間待ちで会議室に通されたが、机上の電話のそばに数字を書き込んである一枚の紙とストップウォッチがあった。これは市外へ直通でかけることができるため、使用者は自分の部署と使用時間をそこに記入し、月末に所属アメーバの時間当たりを計算する際、経費として算入されるということだった。あるいは、できたばかりで赤字続きのクレサンベール（再結晶宝石の販売会社）の事務所の屑かごは、ダンボール箱であった。

昭和初期の大不況期に日立が採った経費節減策は、見事だった。ある工場では客用のお茶も節約して白湯を出し、社内連絡用のメモは、すべて使用済みの紙の裏を再使用した（これは今でも行われている）。ペン先、鉛筆、ノートなどの新品は旧品と引き替え制とし、消しゴムは半分に切って使用（一〇人分が五個で済む）、インク壺にはときどき水をさして使うことまで指示、伝票など各種用紙はすべて一枚ずつ見本を下げて、原価を明示した工場もある。

両者ともにケチと言ってしまえばそれまでだが、ケチり方にも筋が通っているのであれば、それは社風として定着し、誰も節約と意識せずに、おのずと節約するようになる。そして、トップ自身の日常性が贅沢とは縁のないものであることを、社員が知っているということがなければ、社風にまでなることはないと思われる。

働き、そしてまた働く

だが、どんなに優れた経営思想や経営手法があっても、トップから末端に至るまでの全社員がよく働かなければ意味がない。日立と京セラに共通する最も大事なことの一つは、この「よく働く」という側面である。日立の場合、昭和初期の不況時と、その後、筆者が取材した例を紹介してみたい。

昭和初期、不況で生じた余剰電力を利用してアンモニアの製造を企業化しようと考えた「味の素」の鈴木商店社長、鈴木三郎助は、昭和肥料（現・昭和電工）を設立し、水を水素と酸素に分解する大規模な水電解槽一式を日立に発注した。この装置には回転変流機数台も必要だが、鈴木は、これを芝浦製作所（現・東芝）に発注するつもりでいた。日立の営業陣はそれも受注すべく昭和肥料に日参、とうとう大詰めの一二月三〇日になった。この日、昭和肥料は芝浦と連絡をとろうとしたが、すでに年末休みのため連絡がとれず、幹部の自宅にまで電話をしたが、熱海へ出かけていてついに連絡はとれなかった。一方、日立は年末休みに入っているにもかかわらず、担当営業マンが昭和肥料に詰めている。鈴木もとうとう回転変流機も日立へ、という断をくださざるをえなかった。

時代は飛んで昭和六〇年秋。人気を呼んでいた日立のカメラ一体型ＶＴＲ「マスタックス・ムービー」の開発・製造担当の技術者たち四人を茨城県の東海工場に訪ねたときのこと。松下やソニー

などとの競合から寸秒を争う仕事だったので、

「皆さん毎日、夜が遅かったのでは？」

と聞いてみた。すると四人から一様に楽しそうな笑い声が上がり、

「夜の一二時になると、あ、お昼になったなァ、という感じで、夜遅いというか、朝早いというか……」

という言葉が返ってきた。同工場では工場長が毎日七時出勤（始業八時一〇分）、ＶＴＲの担当主任以上は毎朝七時半からの会議に出席していた。

創業期、小平たちは朝六時から夜六時までが定時で、夕食後も残業、休みも月に二回とればいい方だった。

「よく働くのは創業以来少しも変わっていないと思う」

という工場長の言葉は誇張とは思えなかった。そしてこの時、筆者は日立と京セラの年輪の差を感じた。京セラが二〇周年を迎える前の年に、多くの社員を取材する機会を持ったが、当時、稲盛が四六歳、創業の同志がそれより若く、現場の社員は二〇代から三〇代、皆「一生懸命やっています」という、ひたむきさがそこにあった。一方、日立東海工場の工場長久保田畯《たかし》は、稲盛の一つ下で昭和八年生まれ。取材した三人はすべて四〇代だった。彼らからは、しんどいことを楽しみながらやってのけている、という印象を受けた。京セラの社員を最近取材した経験がないので単純な比較はできないが、「よく働く」その働き方にも、創業二六年と七五年の差があるのかも知れない。

小平も稲盛も、ともに社員の先頭に立ってよく働いたが、稲盛は、リーダーに対してはよく働くだけではなく、人間としても尊敬されなければならないとよく説いた。同様に、小平は「徳」の大切さを説いた。

「自分が持っている知識や技術だけで人を率いようとするのは間違っている。すなわち、徳をもって衆に臨むにあらざれば、円満なる協力一致ということは望まれない。仕事が大きくなり、部下の数が増えれば増えるほど、この徳をもって臨むということが大切になってくる。諸君はどうぞ真に人の師となるような考えで、仕事にあたっていただきたい」（小平）

このように見てくると、企業を成功に導くトップには、高い精神性と、厳しい現実主義とが同時に求められるように思われる。

ところで、昭和六〇年一一月一〇日の日曜日、紅葉に映える京都で稲盛財団の第一回京都賞授賞式が国立京都国際会館で開かれた。理事長は稲盛だが、会長には瀬島龍三を迎え、式では瀬島が賞を授与した。瀬島はあいさつの中で、人間としての、また経営者としての稲盛に賛辞を送り、基礎科学部門審査委員長の広中平祐も受賞者選考理由説明の中で、さりげなく稲盛が謙譲の人であることに言及し、受賞三氏一団体はすべて稲盛個人の名を挙げて謝辞を呈した。この日はノーベル財団が特別賞を受けることもあって、スウェーデンのシルヴィア王妃も参列、日本からは三笠宮夫妻が参列して式典を一段と格調高いものとした。同日夜には京都グランドホテルで晩餐会が開かれ、シルヴィア王妃は英語のスピーチの中で、京都の美しさを称揚し、かつ稲盛をほめたたえた。結果としては、この日の授賞式と晩餐会は、稲盛の意に反して稲盛自身を最高の〝受賞者〟

たらしめた。晩餐会の終わり、稲盛は珍しく緊張した口調で参会者に謝辞を述べたが、その中には、「人間にとって最も大切なことは積善の行為である、と思っております」という言葉があった。

第十一章　潜在意識

「創造的な発想は、何かを求めてただ漠然と探している状態では出てこない。問題に直面し悩み苦しみ抜いていると、潜在意識の中にまで浸透してしまって、ある瞬間にほかのことを考えていても、潜在意識下には、その問題があるという状態、壮烈なまでにテーマに取り組んでいる状態が、新しいクリエイティヴな発想を生むのではないか」（昭和五一・一九七六年、窯業協会総会での講演「技術開発に賭ける」から）

初めに〝思い〟ありき

昭和三四年四月、三〇名足らずの社員で京都セラミックが設立された時、京都市中京区西ノ京原町の工場は間借りの木造で、宮木電機という会社の倉庫を改造したものだった。稲盛が二七歳で、社員のほとんどはそれより若く、創業に参加した数人の同志以外は、皆中学卒で遊びたい盛りの年齢であった。

昼休みのキャッチボールなどは道路に出てやるしかなく、それたボールが近所の煙草屋の中に飛び込んで壁に当たり、落ちたしっくいか何かが台所で作っている最中のみそ汁の鍋に入ってしまった。店のお婆さんにさんざん文句を言われ、稲盛は社員に向かって、

「もう道路でキャッチボールするな」

と叱ったが、叱られた方は、

「遊ぶ場所もあらへん」

と不満顔である。稲盛が、

「みんなで頑張って、今度はグラウンドのある工場を作ろうやないか」

と真顔で言うと、中学卒のボンさんたちは、

「アホ言うな」

と、本気で聞こうとしなかった。しかし、プール付きの、どでかい敷地を持った自前の工場が滋賀にできたのは、それから四年後のことだった。

経費の節約については、社用の電話代や、ほうき一本、古机一つにまでやかましい稲盛が、昭和三七年に、当時の京セラとしては大金の一〇〇万円を使ってアメリカへセラミックを売り込みに行き、帰社して社員たちに言ったのは、

「そのうち、みんなを連れてアメリカへ行きたい」

ということだった。だれもが、

「またオーバーなことを言う」

と本気にしなかったが、一一年後には全社挙げてのホンコン旅行をして、それから三年後には社員の子どもたちの海外旅行として実現した。

外部の人間には、あるいはほとんどの社員たちにとっても、それはまったく関連のない、たまたまそういうことになっただけのことかも知れなかったが、稲盛の中では同じことの違う表現であった。

一言で言えば「思ったからそうなったのだ」ということに尽きる。稲盛の中での京セラの歴史は、そういう〝思い〟の実現の無限の連鎖である。それは、人生の節目、節目で失敗ばかりしてきて、

「万が一にも宝くじに当たるような幸運など、自分の身の上には起こらない」

という認識と表裏のものかも知れない。

京セラが中小企業の域にあった時代、稲盛は経営者の一人として松下幸之助の講演を聞く機会があった。松下は有名な〝ダム式経営〟について話した。

「ダムに水を溜めておいて、いつも一定の水が流れるような余裕のある経営をしなければならない」

だが、多くの経営者は、その余裕がないことに苦しんでいるのであり、松下に聞きたいことは、

「どうすれば、そういう余裕ができるか」

ということだった。会場の反応が、そういう空気だった。

つまり、多くの経営者たちは〝神様〟に、

「いい手を教えて欲しい」

と思っていた。しかし、〝神様〟は〝いい手〟を教えてはくれず、ただ、

「余裕がないといかんと思わないけまへんな」

と笑うだけだった。

会場の失笑が広がる中で、稲盛は考え込んでいた。

「こうありたいと思ったから、そうなったのだ」

稲盛は〝神様〟の言葉をそう受け止めた。それは一つの啓示であったはずである。グラウンドのある工場も社員全員のアメリカ行きも、それを思った時点で、そこに至る具体的な方法があるわけではなかったが、そういう〝思い〟を持ち続けることによって、その思いが現実化したことは事実だった。

つまり、稲盛は方法としてではなく、心のありようの問題として受け止めた。

〝見えないもの〟を見る

「私の言う願望というのは、毎日、毎日考え抜いて、それが潜在意識にまで染み透っていくような願望のことです。そのような願望を持つならば、いま頭で考えている自分とは別に潜在意識下の願望が、寝ている時でも、そのことを考えていない時でも働いて、二人で力を合わせたような形で願いが成就するでありましょう」

しかし、潜在意識にまで染み透っていくような願望さえ持てば、目標は達成できるのか。それ

は現実を無視した一種の観念論ではないのか。だれもがそういう疑問を持つ。稲盛は、それについてこう答える。

「研究開発、製品開発、営業、製造現場すべてに言えることだが、われわれが目標を設定するのは、そういう要求があるからです。ニーズといわれる客先からの要求、社会からの要求がありますす。そういう要求についての情報をたくさん集め、なぜそういう必要があるかということを考えねばならない。そうして、そのニーズの背後にあるもの、つまり製品がどういう環境、どういう状況で使われるのかということにも思いを巡らしてみなければなりません」

まず、ニーズについての情報をできるだけ多く集め、要求される製品が使われる条件にも思いを巡らせろ、と言う。それは、能率の向上とか歩留まりの向上といった上司の要求について、それを達成するためにはどういう方法があるかを、それまでの自分の成功や失敗の経験も合わせて考えることにもつながる。そして、さらにその先がある。

「そういうことを繰り返し繰り返し考えていくと、お客さんが求めているもの、上司が求めているものが鮮明に分かってくるはずです。それは、こういう性質を持った材料、こういう外観をしたもの、こういう仕上げをしたものというふうに、その姿が鮮明に頭に湧いてくることです。考えている過程で、求められているものが見えてこなければいけません。そして、見えてくるということは、まだ作ったことのないものが、あたかもとっくの昔に作ったもので、自分がいつも見ているもののように思えてくるということです」

稲盛の要求は酷である、と言っていい。

「見えないものを、現実に見たかのように見なければならない」と言っているのだから……。

しかし、稲盛にあっては、そこまで思考が上昇、あるいは深化することが必須の条件である。

「見えてこなければ、部下に具体的な指示もできないし、自分で実際に開発をやっていくことはできません。鮮明に、自分のものとして見えてくる。そこから実は仕事がはじまります」

では、見えてくるようになるにはどうすればいいか。たとえば、営業ならば先方の購買担当者、資材担当者の性格、技術者の性格、他の納品会社、購買値段などあらゆる状況を調べ、想像し、自分が受注するためにはどういう方法があるのか、そういうあらゆる条件を設定してみる。

「頭の中で、あたかも将棋を指し、碁を打つように自分で組み立ててみる。そしてばらす。ばらして初めから組み直す。何回も何回もそういう繰り返しをやります」

頭の中で練って練り上げて考え抜いて、その上で実行に移す。しかし、いくらよく考え抜いたものでも、実行段階で予期しなかった事柄にぶつかる。

「思わぬ伏兵がいて、状況が変わります。その時は、その変化した状況を設定条件の中に加えて、また初めから練り直すという作業がいります。原点に戻って練り直します」

潜在意識の中に願望を浸透させる

しかし、現実の困難にぶつかる過程で、最初に描いた理想が少しずつ変質してしまう。

「困難に遭遇し妥協するたびに、実は少しずつ方向が変わっていきます。自分で変えたつもりはないけれども変わっていく。困難の中でもだえ苦しみ、のた打ちまわってやってきただけに、『これでいいんだ』と、つい思いがちになり、当初描いた目標から大きく外れているにもかかわらず、『自分はベストを尽くした』とつい思ってしまいます」

ここで稲盛は、自分で自分を許してしまう意志の弱さによって理想がゆがんでしまう、ということも一般論として述べているが、その背後には昭和五三年頃、京セラの将来を託すべき新製品を世に問い、サンプルを送り出したけれども、「大方のものは無残にも評価が悪く、新製品開発計画は非常に遅延している現状」があった。前年五二年は輸出比率の高い京セラが円高によって、二十数億円の差損を受けた年でもある。

五三年に稲盛が掲げた経営スローガンは「潜在意識にまで透徹するほどの強い持続した熱意願望によって、自分の立てた目標を達成しよう」であった。五二年の末には幹部たちに対し、この潜在意識論を全面的に展開した。

「再結晶宝石クレサンベールにしても、宝石の商売は九九%成功しないと友人からも反対されたが、『こうすればこうなる』と一生懸命に考えて『絶対できる』と思った。今ではだれ一人失敗するなどと考えていない。いわば精神異常の集団になって、絶対成功すると思い込んだ連中ばかりだ。バイオセラムも最近そうなりつつあり、バイオセラムは売れると思い込んでいる。どちらも何の経験もない業種であり、従来のわれわれの常識では判断できない。頭の中で計算すれば、これはもう必ずうまくいかない、となる。かと言って、古い商品群だけでは会社を縮小しなければばならず、三〇〇〇人の集団が食っていくためには異業種への展開を成功させねばならない。

みんながそれを分かっていても、今は非常に難しい状況にある。どうしてもそうしたいという願望を、頭の中だけではなしに潜在意識にまで浸透させて欲しい。浸透させるということは、寝ても覚めてもそれを考えている。すさまじくそのことを考え込むということだ。潜在意識あるいは深層心理の中に願望が浸透していくということは、頭とは関係がない。他のことを考えていても、潜在意識に浸透した意識は常に働いているから先に進んでいくことができる。純粋にきれいに高まった願望が潜在意識に浸透するほどに伝わっていれば、自分の霊魂が助けてくれて、眠っている時でも、その潜在意識が働いて願望が成就する方向へ近づいて行くのだと思う」（傍点筆者）

変わったと考えて変えていく

稲盛の話は、まだ続く。

「今、遭遇している問題は、しゃらしゃらしたインテリジェンスなどでは決して超えられない。頭で論理的に考えて不可能なことをやろうというのは大変なことであり、普通の人間では絶対に可能ではない。しかし、〝コロンブスの卵〟でも、人がやったあとはできる。結果論としてはできる。その環境が変わらないうちに、変わったと考えて変えていくことができないのが普通だが、頭がおかしくなるほど考え抜けば、その絶対に不可能という状況の中でことを可能にする。

言いたかったことは、心に描いた通りになるということである。それは純粋なきれいな心から出てくる願望であり、希望である。一点の曇りもあってはならない。心に描くということがどういうことかを本当に理解し、これを駆使できる人が何人かでも現れてくれば、もっと素晴らしい展開ができる」（傍点筆者）

稲盛は幹部たちに話し終わって部屋に戻るや、顔面蒼白となり、ソファーに倒れ込んでしばらく身動きできないほどだった。

翌五四年三月決算では国内営業が前期比五〇％近い伸びを見せ、総売上高でも三〇％増となった。

これまで見た稲盛の言葉の中で傍点を付した部分は、一見何でもないものに見えるけれども、稲盛の仕事のスピードを考える上で大変示唆的である。稲盛は新製品に想いを巡らして、それを社員に話す時は、すでに自分の中に出来上がっているもの、見えているものを話すことは先に見た通りである。そして一カ月後とか三カ月後とかに、その社員に、

「あれどうなった」

と聞くと、社員は、

「まだ何も手をつけていません」

というような顔で、あっけにとられる。

つまり、稲盛の中では終わっているものが、社員の中ではまだ始まってもいない、とでも言うべきか。稲盛が「よく考えろ」と言うのは、実は「時間の流れを速めろ」ということではないか。一時間を二時間にでも三時間にでも相当する使い方をする、と言い換えたらいいのか。

つまり、稲盛は「考える」あるいは「願望を潜在意識に浸透させる」ことによって、絶対時間を相対化することができる。比喩で言えば、絶対時間（一日は二四時間であるという時間の量）がある径のパイプの中を流れていて、稲盛の思念は、その流れの中で上昇ないし深化の運動を行うため、絶対時間の一時間の中で二時間、三時間に相当することをやってのけることができる、というふうに。それは〝稲盛時間〟とでもいうべきものであって、「先に進んでいくことができる」、「変わったと考えて変えていく」ことができる能力はそこから発する。潜在意識を働かす、とは、三年を一年分でやる能力の別名である、と言えるかも知れない。

心こそが現実だ

この本の冒頭に書いたように、京セラの設立は〝出会い〟から始まっている。少なくとも、稲盛の内部世界で確固たる事実となっている。

そのことと「初めに思いありき」という稲盛の発想とは見事に対応している。

その根源を稲盛の成長過程の中に探してみると、中学校に入る前の結核体験がある。それは、薩摩の男子として武士の子であると思い込んでいた自分が、平民の子であることを知って愕然とする体験、受験の失敗、幸福な餓鬼大将時代との別れといったものが、折り重なって訪れた時期だった。寝ている和夫少年は、近所の奥さんから谷口雅春の『生命の実相』を見せてもらい、初めて具体性の連鎖としての日常生活とは別な〝観念の世界としての現実〟に遭遇したと言えるかも知れない。それは〝心こそが現実だ〟と少年にささやいた。

「苦痛を不幸だと思うのは肉体心《ごころ》のあやまりである。苦痛が魂の成長にどんなに必要であるかということを知る者は苦痛でも喜べる」

「自分の心が招《よ》ばない物は何一つ、この世で自分に近づいてくることはできない」

「本当は〝予知される未来〟というものは、念《こころ》の世界ですでに起こっている現在であって、ある事が〝念の世界〟に起こってしまった以上は、その映しである〝物質世界〟に、その事件は必然的に起こってくる」

「志す事物を招びよせるためには、その思いを中断せずに、気長くその希望と熱意とを持続しなければならない。思念を長期間、持続的に集中することは、必要な事物を引き寄せる磁力となる。……持続的に志す事物に想念を集中して止まなければ、事物それ自身は、ただそれだけででき
あがる」

これはすべて『生命の実相』にあるものである。これは外部で起こるどのような現実も、すべて容認し受容するという無限の受け身の姿勢に堕する危険をはらみつつ、パッションとして現実を変えていく主体性の根源ともなるものである。

第十二章　宇宙の意志

「今日までフィロソフィーという形で、また、経営方針発表の時にはスローガンという形で、いろいろ話して参りました。それがすべて正しいとは言いませんが、たぶん核心を突いた、あるいは核心に近いことを言ってきて、それを皆さんと一緒に実行してきたから、今日の会社があったのであろうと思います」（昭和五七年、「経営方針」より）

「もし、考え方など勝手ではないかと、傲慢不遜な生き方をしていれば、今日の会社はなかったと思えてなりません」（昭和五九年、創立二五周年記念講演「〝宇宙の意志〟と調和する心」より）

京セラ・フィロソフィーの原点

稲盛には、宗教的原体験と言うべきものが二つある。その一つが前章でふれた結核で、療養中の『生命の実相』との出会いである。もう一つは、小学校へ入る以前の〝隠れ念仏〟体験である。

この二つの体験と、その後の人生体験から、稲盛は潜在意識論を経て、宇宙論を稲盛哲学として〝結晶〟化した。では、その宇宙論へ至るまでに、どんなプロセスをたどったのだろうか。

隠れ念仏というのは江戸時代に興った地下信仰の一つで、薩摩藩権力に弾圧された浄土真宗をひそかに講を作り信仰するものだったが、ある日、和夫少年は祖父に連れられて山里のとある家へ行って仏壇にお参りさせられ、そこでお坊さんらしき人にこう言われた。

「毎日いつでも、どこでも『ナンマンナンマン、アリガトウ』と唱えなさい。朝夕仏壇に手を合わせる時も、そうしなさい。そうすれば、仏様のご加護があるだろう」

「ナンマン」とは南無阿弥陀仏のなまったものだが、この時の体験は少年に強烈な印象として残り、両親の信仰深さと相まって、稲盛の宗教心を形づくるうえに大きな影響を与えている（今でも稲盛は、この「ナンマンナンマン、アリガトウ」を唱える）。

「私が尋常高等小学校一年の時読んだ『生命の実相』が説いていることの一つは、〝心に描いたものが自分の周りの現象となって現れる〟ということでした。たとえば、私は知らず知らずのうちに病気を引き寄せていたわけです。あの敗戦直前の食料難の時代でも、お袋は魚が手に入れば私だけに食べさせてくれる。自分では病気を治したいと思っているけれども、治ってしまうと、お袋の私に対する特別扱いはなくなってしまうんですね」

こうした体験は稲盛に、「心に描くものは常に美しくきれいでなければならない。人は常に正しいことを行わねばならない」ということを教え、自分の日常を、そのように仕向けることが習い性となっていく。そして京セラ・フィロソフィーの原点となるのは、稲盛が実験や研究を進めていく中で悩みつつ考えたことばかりである。

「京セラ・フィロソフィーとは何か？　ひとことでいえば『正しいことを、正しいこととして貫いていくことだ』と社員に言っておりますが、常に正しいことを心に描けば、それが自分の周囲に再現される——京セラ・フィロソフィーはすべてそこに発します。ですから、怠けて努力をせずに他人よりいい生活をしようとすることなど、とうてい考えられません。そして、そういう価値観、倫理観は日本の古き良き時代の道徳観念でもあり、私の両親がその生活を通して私をしつけ、私に教えたこととつながるものです」

〝さらなるもの〟に対する思い

「私は、そういうものをベースに会社を経営してきましたが、ビジネスは判断、決断の連続で、トップは製造、営業、研究、人事などあらゆることについて割り切って決断することを迫られます。しかも、それは一日に何十回となくある。細かい決断まで入れると、その決断の連鎖はちょうど神経細胞のようにたくさんの分岐点があり、そのつど右か左かを決める。そのインテグレート（集積）が結果なんです」

その右、左を決めるに際しては、心のありようが最も大事であると稲盛は考えてきたし、また自身の体験と京セラの歴史そのものが、その考え方の正しさを立証してきたが、やがて稲盛は、こう考えるようになった。

「会社がこうもうまくいくと、必ずしもそれだけではないのではないか。〝さらなるもの〟があるのではないか。人知を離れた高い次元の導きがなければ、会社はこうもならないのではないか」

この時期をいつとは確定できないが、おそらく昭和四九年から五〇年代にかけての頃だろう。その前後を年表で見ると、こうなる。

四八年―会社挙げてのホンコン旅行。創業の恩人、西枝一江《にしえだいちえ》・交川有《まじかわたもつ》の死。石油ショック（創業は三四年四月）。

四九年―東証、大証一部上場。「電子回路用セラミックの積層技術の開発」により科学技術庁長官賞受賞。

五〇年―無借金経営となる。再結晶宝石を発売。バイオセラム開発に成功。ソニーを抜き株価日本一になる。

五一年―ADR（米国預託証券）発行。〝視界ゼロ〟と言われる不況下で、業績が見事に回復する。

五二年―経営方針で「一千億企業を目ざす」ことを表明。年末、幹部に潜在意識論を説く。

おおよそ以上のようになるが、〝高い次元〟への関心は、稲盛に改めて宗教、哲学への関心をよみがえらせた。それまではまさに仕事の鬼そのもので、手にする本も仕事に直接関係した専門書ばかりだったのが、机の上に宗教書、哲学書も置かれるようになり、コンパなどで社員に自分の考えを説き、焼酎を飲んで帰ってきても、そうした本を開くようになった（その習慣は今も続いている）。

「一二三歳までの私と、四三歳以後の私とでは、あまりに人生のプロセスが対照的であり過ぎるんです。なぜ、そんなに変化を遂げるのか。価値判断における心の状態が正しく美しいものであれば、物事はすべてうまく運ぶということは、その通りかも知れないが、何かもっと大きな力が存在しているのではないか、ということと、自分とはいったい何だ、ということを考え始めました」

昭和七年生まれの稲盛が二三歳というのは、ちょうど鹿児島大学を卒業してようやく松風工業という碍子メーカーに就職した三〇年で、四三歳というのは、昭和五〇年にあたる。松風入社までは病気、中学の二回の入試失敗、大学入試失敗、就職試験の失敗と、人生の節目ごとでの挫折の連続だった、

〝ラッキーな男〟とは？

「キリスト教も仏教も人は神の子、仏の子と説きます。人は神や仏の分身のようなもので、それがこの世に生を享《う》けたり、いろいろな修羅場に遭遇し、いろいろな体験をし、その過程で魂がもろもろの業《ごう》を身につけていきますが、それが因縁です。現世に生まれて一生を終わるまでの運命が、その因縁によって定められています。ですから、この運命は現世におけるその人の心の状態によって決まるのではなく、過去世に作られた真我が帯びている業によって現世の姿が出来上がっており、そのために災難もある。心がよこしまだから、災難に遭ったり病気になったりするのではない。しかし、心をきれいにすることを心掛けることによってもろもろの因縁が消えていきます」

心さえきれいならばいいのか、というとそうではなく、そう努めることによって因縁が全部消えて、極端に言えば、来世で花咲くのかも知れない。そう考えた時、稲盛はアメリカの優れた経営者の条件の一つとして必ず挙げられるものの一つに、〝ラッキーな男〟があることに改めて気づいた。あれほどまで自己主張をし、ラジカルに議論を展開する欧米人が、

「アンラッキーな人間の下では働くな」

とよく口にする。

「これか！」

と稲盛は思った。

「前世からの因縁もありますが、ラッキーを呼ぶ心もあるはずです。類は類を呼ぶと言うように、同じ心の波長をもった人間が、その人の周りに寄ってくるだろう」

そして、この世で偉大な発明発見をした人間は、本人の才能、努力以外にインスピレーション、神の啓示に助けられなかった者はいない、ということを本で読んだのもこの頃だった。

こうして稲盛は、「自分とは何だ」という問題を突き詰めて考えていく。

まず、一つの円を想定して、その中心にある自己を「真我」と呼ぶ。その上にいくつかの層が重なっており、真我の上にあるのが「植物心」である。植物人間という呼び方が示すように、これは意識がなくても人間に呼吸させ新陳代謝を行わせる。その上に「動物心」がある。これは本能心と言ってもよく、食欲、性欲など意識を伴い、常に自己防衛的で利己的であり、利他的ではない。その上に「理性心」がある。これは事物を観察し推理推論し、論理を追究する。その上に

「霊性心」、さらにその上に「神性心」がある。かくして、真我─植物心─動物心─理性心─霊性心─神性心という構造が想定され、人間が〝ぼける〟過程は上層から次第に消えていって、最後は植物心だけになる過程である。

新たな〝宇宙像〟

そして、これらの各層は無関係に存在するのではない。

「真我にはほかの部分が、ちょうど水が染みるように影響を与えます。低次の心が働けばその影響を受け、高次の心が働けばその影響を受けます。つまり、真我には意識がデポジット（貯蔵）されます。心霊学の実験では、その人が習ったこともない外国語をしゃべり出すケースがいくらでもありますが、それは、この真我に前世の経験がデポジットされているからです」

この一方で稲盛は、ニューサイエンスと呼ばれるグループによって開かれつつある、新たな〝宇宙像〟にも関心を寄せていく。

一九八二年、スペインのコルドバで世界の最先端の科学者による精神科学に関する国際シンポジウムが開かれ、そこでイギリスの物理学者D・ボーム博士は、宇宙には二つの系列がある、という学説を発表して反響を巻き起こした。ボームはわれわれが見ている宇宙は明在系（エクスプリケート・オーダー）だが、その対極に暗在系（インプリケート・オーダー）があり、前者は〝空〟の世界である後者の投影したものである、と主張する。これは実は、極小の世界の理論である素粒子論と密接な関係がある。

原子の中で最も小さい水素の場合を考えると、水素原子中の原子核の周りを電子が飛んでいるが、この原子核をフットボール大に想定して、それを仮に東京駅に置くと、電子の位置は東京都の外縁あたりに相当する。これを見下ろすことができる位置まで昇ったとすると、原子核も電子も見えず、両者の間には何も存在しない。つまり〝空〟である。

「仏教で言う色即是空、つまり、あるように見えるものは真理の反映なのだ、と科学者の立場から主張しています」(稲盛)

同じシンポジウムでスタンフォード大学の脳神経科のK・プリブラム博士は、ホログラフィ理論に基づいてボーム説を支持した。これはレーザー光線を使って三次元の空間に像を作るという理論で、まずレーザー光を被写体にあてて、その反射光をフィルムで受ける(物体光)。同時に物体に当たらない光を鏡で反射させてフィルムに入射させる(参照光)と、物体光と参照光が干渉して干渉じまが生じる。その干渉じまをフィルムに記録したものをホログラムと言うが、そのフィルムを分割していくつかの小部分としても、その各部分には被写体の全体を再現できる情報が含まれている。これを見たプリブラムは、自分の専門である脳細胞の働きを連想した。従来、脳のどの部分が何を司《つかさど》っているかは決まっているとされていたが、彼は脳腫瘍の手術などで脳細胞を摘出した経験から、脳細胞は分業していないと感じ始めた。

手術後、記憶喪失や運動麻痺が生じてもリハビリなどで訓練すると、記憶も戻り機能も回復する。つまり、われわれは考える場合、一個の脳細胞でも全脳細胞でも考えているのではないか、とプリブラムは主張する。

「仏教でも仏が存在すると説くと同時に、あなたそのものが仏だと説きます。人間そのものが全宇宙と匹敵する存在なのだと言うのです」（稲盛）

「これまでは科学と宗教、哲学は乖離《かいり》する方向にばかり行っていたのが、ここに来て互いに近づいてきており、そのことに期待したい」

と稲盛は言う。

「思うということは、エネルギーを出すことです。波動の一つです。光線も波です。光子が太陽電池に飛び込むとエレクトロンが生じます。同様に、人間の意識、思いは人間が出している磁力線のような波で、広がって飛んでいってしまうように見えるけれども、他方で内側の真我にこもります。

思うということは大変大事なことで、それは結局、潜在意識の問題に帰ってきます。『どう思おうと人の勝手じゃないか』とよく言いますが、そうではなしに思いは災いをもたらし、幸運をもたらします。お前はよく〝きれいな心〟を説くけれども、商売というものはもっとリアルなものだと笑われるかも知れませんが、それは自然の理、宇宙の真理です」

その宇宙の真理を稲盛は、再結晶宝石の生成過程にも見る。るつぼで溶かした宝石の成分を、ゆっくり冷やしていく過程で、七年の歳月をかけてつかんだ極めてデリケートなタイミングをとらえ、結晶の種を入れる必要がある。

「結晶が成長していく様《さま》は、あたかもそうさせていく何かがあるように思えてなりません。ボームの言う暗在系を私は〝宇宙の意志〟と呼んでみたい。宇宙にはすべてのものを生かそうとする生命エネルギーが根底に流れているのではないか。宇宙には素粒子を含めた〝気〟の流れがあって、その流れに沿った発想であればいいが、それとは逆の方向へ行くと不幸にばかり遭遇する。それは仏心と言っても、神の摂理と言ってもいい」

こうして稲盛のラジカルなまでの主体性論は宇宙論へ上昇することによって、その哲学を完結せしめているように思われる。

この思想は、もしかして世界でほとんどただ一人でダーウィンの進化論、適者生存の法則に頑強に異を唱えてきた、京都の生物学者今西錦司の『生物の世界』の思想と驚くほど近似している。

「われわれの世界は実にいろいろなものから成り立っている。いろいろなものから成る一つの寄り合い世帯と考えてもよい。ところで、この寄り合い世帯の成員というものが、でたらめな得手勝手な烏合の衆でなくて、この寄り合い世帯を構成し、それを維持し、それを発展させていく上に、それぞれがちゃんとした地位を占め、それぞれの任務を果たしているように見える」

「この世界が混沌とした、でたらめなものでなくて、一定の構造もしくは秩序を有し、それによって一定の機能を発揮しているものと見る」

「世界を成り立たせているいろいろなものが、もとは一つのものから生成発展したものであるゆえに、われわれにこの世界を認識しうる可能性がある」（講談社文庫版『生物の世界』）

稲盛は、昭和五九年、二五周年式典記念講演の終わり頃、こう述べている。

「宇宙そのものは、すべてのものを生成発展させようという方向に流れていきます。それと同調し、調和するような、きれいな心で描く美しい思いというのは、宇宙の意志と同じ方向をたどっているわけですから、先々の運命も良くなっていくのではないかと考えます」

あとがきに代えて

再録のため読み返すと、いろいろ思い出すことがありました。各章に沿って触れてみます。

【第一章】

・「恩師」（一八ページ）

稲盛さんが小学校から中学校にかけて目をかけてくれた土井先生と斎藤先生の名が出てきます。かつての取材資料を整理していると、鹿児島市長田町に住む木治屋克巳さんが私宛に送って下さった手紙が出てきました。稲盛さんの玉龍高校時代の同窓生で、日付が昭和五四（一九七九）年四月二五日。この時期は私が『ある少年の夢』の取材の真っただ中、多忙の中で忘れてしまったのかもしれません。

このお手紙によると、目をかけてくれた先生の一人、斎藤毅先生は本籍が鹿児島市中央町、明治二九（一八九六）年一〇月八日生まれ、昭和三八（一九六三）年一〇月二四日没。もう一人、この連載には登場しない辛島政雄先生がおられます。鹿児島中学、玉龍高校時代の校長先生でもあり、明治二五（一八九二）年一〇月一七日生まれ、昭和四六（一九七一）年八月六日没。本籍大分県宇佐郡糸口村。稲盛さんが高校卒業後、銀行に就職するつもりでいたとき、大学進学を強く勧めてくれた方です。

大変長い遅ればせですが、木治屋さんのご厚意に改めてお礼を申し述べさせていただきます。

【第三章】

・「遊びなのに座が白ける」（三八ページ）

稲盛夫人朝子さんから直接聞いたことですが、タバコを吸った灰がテーブルに落ちると稲盛さんは必ず、指先で一つずつ取って灰皿に入れるのが常だったといいます。それから間もない時期に、松風工業時代の部下の一人で、京セラ創業の同志でもあり、当時専務だった岡川健一さん（故人）を取材したとき、タバコを吸いながら落ちた灰を一つずつ取っているのを目の当たりにし、アー、ヤッテルナアと笑いそうになったことを思い出します。

・「両極の中庸を行くということではなく」（四三ページ）

これは私の『ある少年の夢』の次のような表現を念頭に置いたものでした。

「臆病でもなく蛮勇でもなく、慎重さと豪胆さがバランスするある精妙な一点において初めて、少年和夫はあの原良《はらら》の田んぼの溝を飛び越えることができたように、暗い絵でもなく明るい絵でもなく、どちらに偏することなく両者がバランスするある精妙な一点に成立する純粋な思い、そこにしか活路がないと思ったその一点で、この苦境を稲盛は飛び越えたと言いうる」（現在市販されている出版文化社版『ある少年の夢　稲盛和夫創業の原点』三八九ページ）

同書には稲盛さんやご両親などの私的情報が満載されており、原稿の段階で稲盛さんに目を通してもらう必要がありました。あまり読みやすくはない私の手書き原稿四〇〇字詰め五〇〇枚から六〇〇枚で、ずしりと重いものでした。稲盛さんは超多忙ですべてに目を通すことはできず、「あとはあなたに任せる」という形になりました。出版文化社版でもその部分はそのままになっているのは、下手に訂正すると、原稿の流れや勢いが壊れて、それこそバランスが崩れるので、そのままにしています。

【第四章】

・「現場に身を置く」（五五ページ）

これは、のちのJALの再建に当たっても、発揮されました。二〇一〇年二月一日、JAL会長に就任、その翌二日の午前には、羽田空港内の格納庫で整備中の機体を視察している（毎日新聞二月二日付夕刊）。この小さな記事を見て、私は「早くも現場に」と思いました。技術屋社長であり、もともとメカ好きの人ですが、それ以上に経営者として「まず現場に」という現役時代と変わらぬ姿勢を感じました。また、同紙二〇一二年一〇月二日付の「日航再生　V字回復までの軌跡」という特集記事にはつぎのようなくだりも。

稲盛さんは「こんな数字も分からんのか」「評論家じゃないだろ」と幹部を叱り飛ばし、手元のおしぼりを投げつけたこともあった。はけ一本33円、ビニール袋1枚1円、整備場の棚には部品や備品ごとに値札が貼ってある。ごみ入れに使うビニール袋は、家から持ち寄った買い物袋で代用し、子どもの古着を雑巾にするのも当たり前になった。コスト削減の徹底を図り、部門ごとのコストと利益を明らかにする「部門別採算制度」も実施。

おしぼりを投げつけたというのは、単に再建屋として天下ったのではなく、ド真剣に（稲盛さんが時に使う表現）いわば身内としてかかわったことを象徴していると思います。

【第五章】

・「問題が起きたときその場で怒る」（五九ページ）

今から一〇年ほど前、西郷隆盛について少し調べていました。橋川文三《ぶんぞう》著『西郷隆盛紀行』（一九八一年、朝日新聞社）に収められている作家・島尾敏雄との対談のなかで、島尾がこう発言しています。「鹿児島の人がよくやる自現流風な相手のへこましかた、……それも陰でやるのではなく、人前でもって、ずばりとやる」（八四ページ）。一般的には示現流《じげんりゅう》と書く。稲盛さんの怒り方には大いに学ぶべきだと思い続けていた私にとって、それは稲盛的であるよりは、鹿児島的なのだというのは一つの発見でした。

・「神に祈ったことがあるか」（六二ページ）

ここで言われていることとぴったり合致するかはわかりませんが、私が敬愛する精神科医、中井久夫さん（一九三四年生まれ）の言葉を思い出します。

「医師も大手術の前には祈る。不祥事の続く病室をこっそりお祓いする。良質な抗体を得るコツはウサギに抗原を注射するとき、『よい抗体を作ってくれよな』と頼むことだとアメリカのマニュアルにあるそうである」（中井久夫「宗教と精神医学」『精神科医がものを書くとき』ちくま学芸文庫）

「サルの実験の際にあたまをなでて『すまない』と思いつつ注射するのとそうでないのとでは

サルの反応が違うという友人の話もある。『効きますように。副作用が出ませんように』と心の中でつぶやきながら処方箋を渡すときには何かが受け手に伝わり、ひいては薬の効き目にも影響するのではないかと私は本気で思っている。薬は、その作用に心身が〝賛成〟するかどうかで効力がちがってくることが少なくないと私は信じている」（中井久夫「祈りを込めない処方は効かない（？）」『時のしずく』みすず書房）

この部分を書いていた頃、NHK・BSの音楽番組でエイミー・ディクソンがサキソフォンで演奏するピアソラ作曲『アヴェ・マリア』の旋律が心に染み透ってきた。曲そのものはなじみのものだったが、曲名がアヴェ・マリアであることはこの時初めて知った。シューベルトをはじめ同名の曲は多いが、どの曲もある優しさを聴く者の心に運んでくる。それはまさに作曲者・演奏者・聴く者が〝祈り〟の心をマリアに抱くからではないか。それはマリア信仰など宗教心とは必ずしも関係しない。小学校の音楽の時間に初めてシューベルトの曲を聴いた時の驚きに満ちた感動は、六十数年経た今も昨日の如し。

【第六章】

・「厳しい価格設定」（七一ページ）

ある時、わたしが稲盛財団の事務所を訪ねた折に、京セラ社内報の印刷を請け負っている大手印刷会社の営業マンと偶然出会いました。一緒に事務所を出たとき、「京セラの仕事で利益を出すのは大変でしょう」と言うと、苦笑いしながら「そうですね」。その頃、私の友人が経営する大阪の印刷会社が、京都賞晩餐会出席者名簿の印刷をすることになりました。当時はワープロもなく、いわゆる写植印刷で、一文字ずつ打ち込む手作業。友人は「京セラの要求価格はめちゃくちゃや、利益が出ない。大阪のS社はある程度利益が出るよう配慮してくれるが」と、憤懣《ふんまん》やるかたないという表情だったことを思い出します。

【第十章】

日立との比較はもともと連載の最終回に書いたもの。私は一九八五年に『技術王国・日立を作った男　創業者・小平浪平伝』（ＰＨＰ研究所）を書き下ろしており、小平《おだいら》には強い関心を持つようになっていました。外国の技術を導入して早く後れを取り戻そうとする一般的な風潮にあらがって、国産技術による立国を目指したこと、私心のないリーダーシップ、彼を慕う部下たちとの心のつながり、技術者であったことなど、あまり知られていない小平の存在を知らしめたいという思いもありました。現在の日立製作所をどう見るかとはかかわりなしに、明治期の優れた経営者としての小平浪平は今も心に残る存在です。

【第十一章】

稲盛さんが有名になると、しばしば〝カリスマ〟という冠詞をつけて呼ばれるようになりました（私自身は一度も使ったことはない）。

このカリスマ的なるものについて、影響を与える側と影響を受ける側との相互作用として考察したものがあることを最近知りました。フレデリック・ロルドンというフランスの経済学者（一九六二年生まれ）の『私たちの〝感情〟と〝欲望〟は、いかに資本主義に偽造されてるか？』（杉村昌昭訳、作品社、原著二〇一三年）に引用されているフランスの社会学者デュルケームの

『宗教生活の原初形態』（一九一二年）からのものです。したがって孫引きとなりますが、カリスマ的人間の象徴的権力を、それが訴えかける群集の感情的共鳴の焦点として喚起しています。

「この力の余剰はじつに現実的なものである。それはこの力が訴えかける集団そのものに由来する。この力が言葉によって引き起こす感情はこの力に送り返されて肥大し増幅され、それがこの力を持った者自身の感情をいっそう強化する。この力が引き起こす感情的エネルギーはこの力を持った者のなかに反響し、その生き生きした口調を高める。群集に話しかける人間は自分のなかに自分をはみ出して自分の外に広がっていく異常な力の余剰のようなものを感じる。彼は時には彼を超越した精神的力によって、いわば彼がその通訳でしかない精神的力によって支配されているという感じを持つこともある」（訳書二四四ページ）

【第十二章】

稲盛さんが「宇宙の意志」について話した時、心の構造にも触れました。一つの円を想定して、と言いながら私の目の前で紙の上に円を描き、「真我」から始まって「神性心」に至る過程を熱心に説明していました。

なお、まったく偶然ですが、第十一章についての記述の中に（本ページ、八行目）、「その通訳でしかない精神的力によって」という文言があります。「宇宙の意志」をこの「精神的力」と言い換えることができるのではないかと思っています。

現在、京セラ本社には「稲盛ライブラリー」という部屋があり、その幼少時代から今に至るまでのいろいろな資料が展示されており、二〇一三年八月にここを訪れたことがあります。

京都セラミツク時代、社是は「協和」でした。自前の最初の工場、滋賀工場の建設に当たっての社員へのメッセージには、「京セラの一大ユートピアを創造せんとする」という文言があり、当時の稲盛さんの〝志〟を示しています。そして、大事にしていたのは「考えよ」でした。自分のデスクには「THINK」のプレートが置かれており、この「THINK」は、京セラのセラミック技術の飛躍的発展につながったIBMの社是でした。（なお、第二次大戦中、IBM製の「パンチングカード機」が、ナチによるユダヤ人〝処理〟に大いに活用された事実が、エドウィン・ブラック著『IBMとホロコースト』小川京子訳、二〇〇一年、柏書房）に詳しく述べられている。）

そして、ほとんど驚嘆の念を持たされたものがあります。創業時から記録していたという「忘備録」手帳です。手帳そのものは普通のものですが、横書きの文字はまるで清書のような美しさで、写真でお見せできないのが残念です。物を作るにあたって、「手の切れるような物を」、「作る前に品物の形、色、大きさが見えていなければならない」という稲盛イズムをこの手帳そのものが示していると思いました。このメモは書く前にすでに頭の中で整理されていて、手帳に書き始めると、頭の中にあるものがそのまま文字として流れ出てきたというイメージです。

また、『生命の実相』の当時の原本（革装、黒色）もあり、社長になった時に使ったという頑丈な革のボストンバッグは重厚感があり、これにセラミックのサンプルを入れて顧客獲得に飛び回っていたのでしょう。

ここまで書いて来て、もう一つ思い出したことがありました。

稲盛さんはかつてプロレスファンの一人でした(私も)。稲盛さんの著書の一つに『燃える闘魂』というものがありますが、これはアントニオ猪木のキャッチフレーズでした。京セラ社員と稲盛さんの取材を進めていた最中、稲盛さんが春㐂という小料理屋で慰労の食事会を開いてくれたことがあり、丁度、プロレス放映の時間帯で、稲盛さんが「ええなあ」と言いながら見ていました。稲盛イズムの背後にはファイティング・スピリットが確固として存在していたのです。

　この日の夕方は、小雨が降っていて、ベンツから降りるときに稲盛さんは思いがけず、私に傘をさしかけると同時に私の肩に手をまわして、店に入りました。それはほんのわずかな瞬間でしたが、私は「ソウカ、コレダ！」と直感しました。それは意図したものではなく、全く自然な行為だったと思います。社員たちが足に震えが来るほど強烈に叱られながらも、稲盛さんを慕うという秘密の一端がここにあると思いました。


　南方新社の向原祥隆さんと最初にお会いしたのはいつ頃だったろうか。大阪の地下鉄御堂筋線心斎橋駅の北側出口を出て、歩数分ほどの場所にあるビルの一室、関西CB《シービー》だったと思う。ここは大阪市立大学卒の友人谷村修（故人）が創った印刷会社で、向原さんは京都大学新聞会出身、谷村も市大新聞会出身だった。

　その後二〇一二年に、向原さんが鹿児島県知事選に反原発を掲げて立候補したことを関西CBを通じて知り、私はただちに「反原発候補・向原よしたかさんを支援する会」を作ることにし、多摩、千葉、石川、愛知、大阪府市、奈良、兵庫、奄美大島などにいる友人に連絡をし、呼びかけ人一〇人の名前で資金カンパを呼びかけたことがありました。

今年に入って、何か本を出したいと考え、鹿児島出身の京セラ創業者・稲盛和夫さんについての旧稿があることを思い出し、向原さんに出版を打診し、快く引き受けてもらいました。

一九八四年当時はすべて手書きで、手元に残っているのは掲載誌だけ。そのパソコンへの入力は井ノ上裕理さん、編集は梅北優香《ゆか》さんに担当していただきました。私自身はケイタイも持たず、インターネットも使わない、活版印刷時代の名残とも言うべき〝旧石器人〟であり、梅北さんには余分な負担をおかけしたと思います。

末筆ですが、向原さんと梅北さん、井ノ上さん、それに、表紙をシンプルでとても印象的なデザインに仕上げてくださった大内喜来《きく》さんに心からお礼を申し述べさせていただきます。

（二〇一八・一〇・一〇記）

稲盛和夫・京セラ　略年表

一九三二（昭和　七）年　稲盛畩市（父）、キミ（母）の二男として生まれる。
一九四四（昭和一九）年　鹿児島第一中学校受験失敗。
一九四五（昭和二〇）年　肺浸潤となり鹿児島一中受験再度失敗。私立中へ。
一九四八（昭和二三）年　父の反対に抗して高校進学、紙袋売りを始める。
一九五一（昭和二六）年　大阪大学医学部受験失敗、県立鹿児島大学工学部入学。
一九五四（昭和二九）年　帝国石油、積水化学入社試験失敗。松風工業入社内定。
一九五五（昭和三〇）年　鹿児島大学卒業、松風工業入社。（給料遅配慢性化）
一九五八（昭和三三）年　セラミック新製品開発に成功するが、上司と衝突、退社。
一九五九（昭和三四）年　京都セラミック（株）設立。　※ミッチーブーム
一九六〇（昭和三五）年　東京出張所開設。　※六〇年安保闘争
一九六一（昭和三六）年　高卒者たちの反稲盛の乱。
一九六三（昭和三八）年　滋賀工場第一棟。「こんな広い土地をどうするんだ」
京都市と蒲生町で歳末たすけあい運動に参加。
一九六六（昭和四一）年　社長に就任。ＩＢＭから大量の部品受注。
一九六九（昭和四四）年　鹿児島大学に稲盛奨学資金を贈る。労働組合生まれる。
一九七一（昭和四六）年　「スバルからセンチュリーへ」

株式市場第二部上場。

一九七三（昭和四八）年　本社総社屋竣工式。

全社員、香港旅行。大商社買い占め問題、地価暴騰。第一次オイルショックと買い溜めパニック。

一九七四（昭和四九）年　東証・大証一部上場。生産部門に余剰人員発生。

一九七五（昭和五〇）年　バイオセラム開発、再結晶宝石発売。九月、株価日本一。

一九七六（昭和五一）年　アメリカ証券取引所に株式上場。社員の子どもの海外研修旅行始まる。

一九七八（昭和五三）年　年頭スローガン「潜在意識にまで透徹するほどの強い持続した願望熱意によって、自分の立てた目標を達成しよう」

一九七九（昭和五四）年　二〇周年記念式典。※『ある少年の夢　京セラの奇蹟』刊行。

サイベネット工業を合併。

一九八二（昭和五七）年　社名を「京セラ」に。

一九八三（昭和五八）年　カメラメーカー「ヤシカ」吸収合併。

一九八四（昭和五九）年　稲盛財団設立。第二電電企画・設立。

一九八五（昭和六〇）年　第一回京都賞授賞式と晩餐会。

一九八六（昭和六一）年　京セラ会長に就任、代表権返上。

一九九二（平成　四）年　DDI市外電話全国ネット完成。DDI株は私的に持たず。

二〇〇〇（平成一二）年　KDDI発足。

二〇一〇（平成二二）年　日本航空再建のため、会長に就任。

付録　稲盛和夫単独インタビュー

自己の能力を私有しない心（一九七五年一一月号『経済と文化』収録）

技術屋社長であり、かつ昭和七年生まれという、経営者としては希有《けう》の若さで〝世界の中堅企業〟を育てあげた稲盛氏。その経営理念はいわゆる〝京セラ・フィロソフィー〟と呼ばれているが、それが同氏のどのような体験と閲歴から生み出されたものなのか、創業前後、創業後のアメリカ体験、昭和一ケタとしての世代性、さらには療養生活にまでさかのぼって、そのゆえんをさぐってみた。その根底には、物にとらわれない経営をいかに現実化するかという思想が流れ、一企業の経営理念を超えた普遍性をそこに見てとることができる。

好、不況は関係なし

――低成長時代ということが言われておりますが、この低成長時代というものを、どのように意味づけていますか。

低成長時代と言い出すと、皆低成長だとなってしまうんですが、本当に低成長時代なのかどうか、もう一度考え直してみる必要があると思います。現実には不況という形で出てきておりますが、この低成長時代がずっと続くとしても、その意味づけというものはとくに必要がないと私は思います。

これは会社の創業時に帰るわけですが、その頃は私どもの製品のマーケットはなかったし、昭和三四年頃ですから、先輩会社はそれぞれ立派な製品を作って地盤を築いておりましたし、会社が高度成長を遂げる余地は、マーケットという観点からも、技術という観点からも、何もなかったわけです。現在、日本の産業全体で考えると、今までのような高度成長はないとしても、個々の企業別に考えると、低成長下であっても、伸びる企業は伸びるし、私としては特別、低成長時代にどう取り組むべきかということは考えておりません。これまで通り、マイペースでやればいい。

——ただ、知り合いの経営者で、こういう中でどうしたらいいんだろうと、相談にくる方はございませんか。

そういうような不安を持っておられる方は、装置産業であれ、機械産業であれ、従来の製品をそのまま作っておれば、総需要が増えてきたから、業績も上がり規模も大きくなったのが、そうはいかなくなったからでしょうね。マーケットが限定していれば、従来のものをリプレースする作業していくか、新しいマーケットを創造していくかの二つしかない。そういう開発というか、努力をしていないところは、低成長下の中では縮小均衡せざるをえないと思います。

——すると、この不況は京セラには現実的には影響を与えていないということでしょうか。

いいえ、もちろんあります。たとえば、カラーテレビの売れ行きが落ちれば、その分だけ当社の製品の売れ行きも落ちます。これはもう、水ぶくれがパンクしてしぼんだのだと思います（笑）。ただ、創業から今日までこういう品物が売れてるからそれを作って売ろうということでやってきたわけではないんです。〝ニューセラミックス〟という概念を作り上げて、マテリアル（素材）を開発して、それを使えるところはないか、というアプローチですね。マーケットのニーズをとらえて、それに合わせていったということです。一六年間、その市場を全部作ってきたわけです。だから毎日が開発でした。材料、製品、市場、すべてそうだったわけです。その連続でした。ある商品が売れていく間に、もう次のものをやっているという具合で、本当に多品種少量生産で、今はおそらく何万種類もあると思います。

お客さんにアプローチして、そういうものは面白い、さわってみたいとおっしゃれば、五個であれ一〇個であれ差しあげる、というようなことをずっとやってきました。しかし、当社も高度成長時代には非常に伸びたわけですが、総需要が抑制されて、去年の前期は業績が半分に落ちました。それじゃならんというので、今まで研究してきたもので製品になっていないものを製品化したり、それでリカバーしてきました。ですから、常にクリエイティブである。技術の問題でも、市場の問題でもそれしかないと思ってます。あそこのまねをして何か作ろうかということは一つもない。そういう瀬戸際で生きてきましたし、それは今も変わらないですよ。そういう意味では、好、不況ということは本質的にかかわりないと言っていいと思います。

あったのは心だけ

――創業時はあちこちへ〝御用聞き〟にまわったそうですが、創業までのいきさつをお話し下さい。

心の結びつき、というのは現在でも一番うちの宝にしているんですが、実はこの会社も最初は作るつもりじゃなかったんです。前にいた会社（松風工業）で喧嘩をぶっぱじめて、会社を辞めると言うてしもうたんです。その前にパキスタンから勉強に来ていた人がおりまして、いろいろ教えてあげたりしていたんですが、その人がパキスタンへ帰ってから何回も手紙をくれて、むこうで陶磁器の工場をやっているから技師長になってくれと盛んに言ってきてたんです。いや、それはならんと言ってたのですが、会社と喧嘩したのは昭和三三年、まだ就職難の時代で、田舎の大学しか出てませんと（昭和三〇年、鹿児島大学工学部応用化学科卒業）行くところがないもんですから、パキスタンに行こうと思ったんです。

そうしたら、せっかく研究したものがあるんだから、会社をやったらどうかという話がいろんな人からありまして、そのうちお金を出してくれる人が現れました。

「私はお金を出してあげるけれども、お金であなたたちを使うつもりじゃありません。皆さんの気持ちが純粋なんで援助してあげたいと思うだけです」とおっしゃってくれましたのでね。

――その喧嘩というのは？

技術的な問題なんです。私が日本で初めて開発した新しい鉱物材料のフォルステライトを、その頃ちょうどブラウン管を作り始めた松下電子さんに使ってもらいました。それを日立製作所さんに照会しましたら、セラミック真空管という概念がアメリカで出てきていて、その注文で作り始めましたが、作っても作っても先方の満足いくものができなかったわけです。それで、会社の幹部が「ここまでよくやって来てくれたけれども、ここから先は私たちトップエンジニアと伍して研究していくには、お前さんのキャリアではだめだろう。われわれがやります」と言うもんですから、腹が立って辞めるということになったんです。そして、私の部下と上司の八人が集まって会社を始めたわけですが、見事なほどお金がなくて、一万円も持っておったのは一人もいなかったんじゃないかと思います。

いろいろ悩んで考えたのに、われわれには何もないんだけれど、心というものがある。生きるも死ぬも一緒に行こうと誓い合った、素晴らしいまとまった心を、まあ心というものは、そういう誓いを立てても良きにつけ悪しきにつけ崩れやすいもの、人の心というのは本当にはかなくて頼りないものなんだけれども、歴史をひもといてみれば、信頼して裏切られたというケースもいくらもあるけど、また一方、素晴らしい心の結びつきで成功している例もあるんだし、そういう強い立派な心というものをお互いに信じて、団結していこうではないか、つまり、金はない、物はない、あったのは心だけです。その立派な強いきれいな心だけが寄っていこうと。

だから、京セラは創業してからもずっとそうですが、入って見える方に対しては能力は一切問いません。われわれの主義主張に非常に共鳴して惚れ込んでくれる、そういう人でなけりゃいりません、という行き方です。お互いに信じられて、この集団のためには命をかけても構わんという人が集まれば、能力はないように見えても素晴らしい能力を発揮するはずです。

あてずっぽうの原価

――前の会社を辞めるきっかけは稲盛さん個人の問題であったのに、なぜ集団の行動になったのでしょうか。(創業時のことを少し詳しく聞きたい、という要望をあらかじめ編集部から出してあったので、当時行動をともにした人のうち三人が稲盛社長と同席。岡川健一取締役資材部長、北大路季正資材部参与、浜本昭市事業本部長の三氏である)

北大路　キザな言葉は私嫌いなんですが、惚れるといいますか、私より年下でしたが、いろいろ教えられたんです。(それまでいた会社を辞めるにはかなり勇気がいったのではないか、という質問に対して) そういうことはあまり考えなかったですね。何しろ離れるのが辛かったですね。一緒だったら、火の中でもというんですか、死ねると思ったですよ。そういうことでいっぱいだったものですから、ただ夢中でした。

稲盛　当時、北大路さんは営業課長でしたが、非常にロマンのある人でした。お客さんのところで、できもせんネタを拾ってきて、私に、研究用にこんなのはできませんかというんです。私はまたおっちょこちょいだから、できます、やりますと言ってね。物を買いつけに行って、うどんをよく食わしてもらったのを覚えていますが、それをすすりながら、よく私を励ましてくれたことを覚えています。北大路さん自身が仕事に対する非常なロマン、情熱をもっておられて、そういうものに私も感化されて……。

岡川　私は学校を出ても就職がまったくなくって昭和三三年の八月、新聞の募集広告で松風工業へ行き、その時面接していただいたのが今の社長なんです。小さいバラックの、つぶれそうなところに四〇人ほどおったですかね。一番記憶に残っているのは、朝会社が始まる前とか昼休みにみんなを集めて、仕事とは無関係な、人生のいろんな話を聞かされたことです。それは、自分が学校生活を終えるまでにだれからも聞いたことのない話でしたね。毎日毎日、目を見張るような気がしとったわけです。辞めたのは翌年の二月ですが、辞めるけれども一緒に辞めるか、と聞かれまして、「どこでも結構です、一緒に行きます」そういう気持ちだけで飛び出しました。

浜本　あの会社に入って初めて、いろんな話を聞いたり生き方を知りました。社長は、仕事に対する夢ちゅうんですか、そういうものを非常に持ってはったと思うんです。給料が遅配して約束の時間に出ないと、どこかへ行こうかといって近くの遊園地みたいなところへ野球でもしにいく。とにかく人をひきつける力とか、そんなのが非常にあるわけなんです。その当時は社長ではないわけですから、そういうところまでしなくてもいいと思うんですけど、もういたたまれずというか、随所にそれが出るわけですね。ですから、仕事を通して、人間的な生き方というのですか、そういうものを一生懸命教わったりしておりましたですね。辞めるについても、抵抗とかそういうことは何も感じないんです。夢がありますから、そちらの方にパーッと一緒についていく、そういう感じです。

稲盛　それと、あの会社は赤字のボロ会社でボーナスもまともにくれないし、辞めるのでもあんまり未練はなかったのかもしれません。立派な会社で、辞めていったら損しそうだ、というのであれば、辞めていかなかったかもしれないし、みんな逆境にあったということがプラスであったかもしれません。

それで、心の結びつきというのは、それしかなかったからなわけで、一軒一軒行商して歩いたのは、メーカーとして名前もありませんし、何もないからです。北大路、私、青山（政次、現監査役）の三人が電子部品業界をずっと歩いたんですが、品物を見せると「プラスチックか」「焼物です」「茶碗みたいなものやったらいらん」と言われるし、サンプルを風呂敷に包んで、こういうポテンシャリティをもっています、と説明に歩くんですが、なかなかです。

あのトリニトロンを開発したソニーの吉田常務が技術課長の頃、むりやり会いましたら、ちょうどトランジスターを始めるところで、こういう小さいセラミックを作れるか、と言われる。私は見積りも何もわからないし、当てずっぽうで三〇円とか五〇円とか言った気がします。当時、二〇〇円くらいしていたものですから、びっくりされましてね。まあ、当てにしている顔ではありませんでしたが、納期を一カ月いただいてやったわけです。実物をみて驚いてましたね。

ですから、従来の陶磁器屋さんがやっておられたものは一切しませんでした。おこがましい話ですが、技術もさほどないくせに、今までの陶磁器の概念ではできないものができますと言って歩いたわけです。注文がくれば一番難しいもので、やったことがないものばっかりですから、作るには毎晩徹夜ですわ。

できもせんものをできるというのもインチキだし、いくらでできると聞かれて、五〇円というのもインチキだが、約束したものを納期に持っていけば、そのプロセスは仏教でいう〝方便〟である。それを嘘にしてはならない、本物にしなきゃならないと、その期間は本当に心血を注ぎました。

ノーマルな人間が仕事に際して半分狂ったようになれなかったらいかんと思ってやりました。

本質に根ざした発想法

――仏教書を読まれるのですか。

戦時中、中学一年の時に結核にかかりましてね、父が印刷屋をやってまして、父の弟が手伝ってましたが、その人が私の小学校五、六年の頃、私の家の離れで結核で亡くなり、三月あとにそのお嫁さんが亡くなり、父の一番下の弟がまた結核で寝込み、ついに私が結核になる。田舎のことですから、血統だなどと言われましたが、私が寝て養生しておった時に、隣のバスの運転手の奥さんが、美人でしたね、宗教家でしていろんな宗教の本を私の枕もとにたくさん積んでくれて、それを読んだ。精神的なこと、それで治ったという気がします。一年間寝てましたが、空襲があれば逃げなきゃならないし、終戦のどさくさで寝込んでいるわけにいかなくて、走り回っているうちに治ってしまったわけです。

――社長の講演の速記録などを読むと、ある一般論を大前提にして、そこから下降して物事を考えるというプロセスの思考をほとんど生理的に嫌っているところがあるように感じられます。たとえば、会

社のあり方を考える場合でも、会社とはこうあらねばならない、だから私は……という思考をしておられませんが、それはどこに由来するのですか。

それは私にとって本質的なもので、既成概念でものをやるということが非常にいやなんです。私が仕事を進めていく上でのすべての手法はそれです。すべて本質をついたものでないといやなんです。

会社を始めたとき、外部の方で、一生懸命本で読んだ経済学を披歴する方がおられるわけです。しかし、八人でやる会社っていうのはどんなものか知ってますか、と聞きたいわけです。総務とか何とか、何もないんでしてね、テメエが便所掃除から何から全部やらなきゃならない。本質は何なのか、何を今するのだ、するために何がいるのか、必ず原点に帰れ、発想でも行動でも必ず原点から出るというのが行き方です。

企業経営における組織論というものはまったく知りませんでしたが、前の会社では、研究し、物を作り、作った物を売りに行く——という三つの機能を自分でやっておりましたから、それだけで経営はできると思っておりました。この三つを機能させて、そこから出た利益が極大になるような機能を組織にもたせなければならないと考えたわけです。ですから、一般管理費や販売費の比率が十数パーセントであるといった〝常識〟もありませんでした。そういう数字には少しもこだわっておりません。社員を管理し、品物を得るのに必要な最小限の組織、経費はどうなのかという考え方でやってきているわけです。

私はあえて常識というものを否定するつもりはないんですが、たまたま無知であったために、原理原則に基づいて判断せざるをえなかったわけで、よそはこうなんだから、これでいいんだ、といったような解釈をしてこなかったことが、非常に良かったのではないかと考えています。

京セラ・フィロソフィーとは何だ。それはもう正しいことを正しいとして貫いて行くことなんであって、それ以外には何もありません。そういう本質からものを考えていって、こういう場合にはこうでなければならないという、原点の、フェアベースというもとに帰る。それは正義であり誠である。そこに帰ってそこから判断していく。

ところが、そう言ったって世間はこうであるとか、とかく途中でひっかかって、そこからリフレクション（反射）して判断を下していく。それを全部つき破って、物の本質まで下りて、そこから判断していくのでなかったら、判断がしょっちゅう狂うわけです。ですから、私の場合、そういう本質に根ざした発想法というか、そうでないといやだという……。

これは仏教書の影響といったことではなくて、技術屋の発想だと思います。最近、鹿児島で社員の結婚式があって呼ばれていって実家に帰ったときに、高校時代の友人に会いましたら、こんなことを言うんです。

学校から帰る途中、公園がありまして、当時としては珍しいブルドーザーがある。私は一生懸命みてて一向に帰ろうとしない。ちょっと待ってくれ、と眺めておって、これはどうもグリスを入れる穴らしいなとか、ここにはベアリングが入っているはずだとか言うので、その友人はよう知っとるなと思ったそうです。

まあ、小学校の頃は鍛冶屋の前に二時間も三時間も立っておるもんだから、そこの親父から、危ないといって水をぶっかけられたことが何回かあります。

理数科とかそういうものが非常に好きなんですわ。だから、今でも機械を知らんでばらすと非常に怒ります。ばらすときに、原理がわからないとなぶれないんですね。大もとの原理が分からんでなぶるというのは絶対いやなんです。だから、事故というのは絶対ありえないと思ってます。

昭和七年生まれとしての特異性

——もうちょっと体験についてお聞きしたいのですが、昭和七年生まれ特有の戦中体験・戦後体験があると思います。そういう特異性を意識しておられますか。

ありますね。小学校が尋常小学校で途中で国民学校に変わって、それで終戦になって、旧制中学が新制中学、新制高校に変わった。教育のパターンも一番変わったでしょうね。一番思うのは、純粋培養型というか、無菌室で育ったみたいな。つまり、軍国主義、日本の民族魂をうたいあげた最高の時期に育ったわけです。先輩なんかで、戦争に負けたということで非常に罪悪感をもって卑下した人がいますが、私は何とも思いませんね。

最初にアメリカに行ったとき、こんな馬鹿でかい国を相手によくケンカしたものだなと思いましたし、勝つはずないのによくやったもんだと思いますけれども、やむにやまれぬ戦争だったとも思っています。潔く民族のために死ねる人というものは偉かったと思いますね。自分たちも、死のうと思っていましたし。もちろん、軍国主義に問題はありますが、ケンカがぶっぱじまって、食うか食われるか、自分の妻子が殺されるかもわからんという時に、男なら皆立ち向かうはずであって、その時に反戦論もクソもあるわけはないんであって。食うか食われるかという時に、私はもう戦争は嫌いですっていうようなことを言ってみたって始まらないんだ、というのはありますね。

それで終戦後は、焼野原をうろついて、かっぱらいをやり、両親をなくしてはいずり回った戦災孤児の連中と同年輩だし、私は幸いにして両親も生きとったし、兄弟も元気だったので、力を合わせて生きてこれましたけども、ああいう廃墟の中でたくましく生きていくということですね。私も、夜中に材木屋に材木をかっぱらいに行って腰が抜けるほど恐かった思いをしたこともあります。やっぱり、廃墟の中、何もなかった中を生き抜いてきた。それも中学一、二年の非常に多感な頃、まだ精神的に固まっていない頃のそういうものっていうのは、やっぱり……。われわれの先輩は大人であの時を過ごしたでしょうし、あとの連中はそういう影響はないでしょうし。そういう意味で非常に違いを感じますね。ですから、どんなに物がなくったって何ともありませんね。

――八月一五日は鹿児島で。

あの時は、玉音放送も何も聞きやしませんし、何かもう負けたらしいというので、とくに鹿児島には沖縄から米軍が上陸してくるというので、市内に掘立小屋を作って空襲で焼けた跡におったんですが、そこから四里ぐらいの田舎の親父の親戚の馬小屋に家族が逃げとったんです。そこへまた米軍が上陸してくるから女子供が危険だというんで、そこからさらに山の中に逃げる。近所のおっちゃんが、アメリカ人というのは牛をよく食うんで、うちの牛も食われそうやから、もう殺して食おうということになって、足を一本もらいました。そいつを焼いて食って、山奥へ女子供を連れて逃げて、やぶの中に四日か五日おったですかなあ。みんなもうしんどうなってきて、これなら殺されてもいいと言うんで、また出てきて……。

そういうものを通してきて、何もないところで生きるすべと言いますか、そういうものはあるような気がしますし、贅沢ということに対しても非常に嫌悪感がありますね。家内に言わせれば、漬物と味噌汁だけあればよろしいと言うから、それだけ出したら何かこう不満そうな顔をしていると言うんですけれども（笑）。

アメリカで日本人から注文

——もう一つ、雑誌『プレジデント』で、初めてアメリカへ行ったときは、もう二度と来るまいと思ったとおっしゃってますが、アメリカでの体験について少し。

私の年代ですとちょうど、戦後駐留軍が入ってきて、中学三年頃から占領軍に教育も支配されて、占領軍の将校が学校に来て講演したり、われわれは栄養失調になっていて、米軍のカンヅメをよく食わしてくれたというようなことがあって、高校、大学と進むうちに、アメリカへ行きたいといいますか、勉強をしたい。当時、われわれの年代の連中は皆そういうことを思っていたという気がしますね。それは潜在的にあった。

会社を始めてしばらくしたら、極東貿易の人が来て、アメリカで売り込んでこいと盛んにすすめるわけです。社内でその話をすると、みんなも、そうやそうやと言うから、ホイホイとその気になった。渡航手続きとか、そんなことは何も言ってくれないし、行く前日になって、本当に行くのかと言うものですから、泡を食って……。

私は洋式便所を知らなかったものですから、東京の松戸の公団に住んでいる友だちの所へ泊めてもらって、便器の使用法を教えてもらいましてね（笑）。渡米する当日は、幹部七、八人が夜中まで仕事をして東海道線の夜行に乗って羽田まで送ってくれました。

――何年頃でしょう。それと語学の方は？

昭和三八年頃かな。語学も高校、大学を通じてあまり好きではなかったので何の準備もなかった。ニューヨークでは極東貿易の駐在員の方の紹介で売りこみに行こうと思ってましたが、多忙でつき合ってもらえない。それで朝一番に事務所へ行きまして、出てきた人をつかまえて無理に連れて行ってもらい、通訳を通じて売り込むわけです。ホテルに帰っても、飯を食うのもロクにできないから、メニューの順番通り食ってやろうと思ったら、メニューが毎日かわる。会社のなけなしの金を一〇〇万円も持ってやってきたんだから、何とか成果を挙げなけりゃいかんと焦れば焦るほどうまくいかんし、飯はのどを通らんし、ほんとにしんどかったですわ。

しかし、売りに行った先の外国人が「何という素晴らしい製品だ」と非常にほめてくれまして、自信をつけましたね。日本では、国産品、とくに無名の会社の製品に対する不信感というものを痛感してましたから、皆さんが尊敬しているＲＣＡ（アメリカ・ラジオ会社）やＧＥ（ゼネラルエレクトリック）に売り込んで、京セラの物を使っているということになれば一も二もないだろうと、辛かったけれども、どうしても売り込まなければという気持ちが強かったですね。それと、二回目にわかったのは、商社の人を通じての商売はできないということです。これに命をかけて心中する人間がいなかったら物が売れないということです。商社はお断りしました。

三九年に今の上西《じょうにし》（阿沙《あさ》）専務と一緒にまた渡米しましたが、やっぱり売れんのです。レストランで一番安いティーボーン・ステーキを食っていたら、上西の知人と偶然に会ったんです。その人は年に二回ほど渡米してロータリー・スイッチの注文をとっていくんですが、うちの製品を見せたら「こんな立派な物を作って売れないはずがない」と説教されましてね。考えてみたら、最も基本的な材料ですから、信用がないと絶対に使わんわけですね。その人は五〇万円ほど注文くれたんですが、これがニューヨークでの第一号の注文でした。外国で日本人から注文をもらったわけです（笑）。

そして四〇年に、日本の技術や製品を使わないことで定評のあったＴＩ（テキサス・インスツルメンツ）から声がかかりました。ちょうどアポロ計画の前で、それに使われることになり、四四年に、カリフォルニアのサニーベールに現地法人京セラインターナショナル（資本金四万ドル、従業員四〇〇人）ができました。

アメーバ経営の方法

――これで、社長の個的な体験も含めて、創業時のことをうかがうことができたように思いますが、会社内の組織を作るときの考え方は。

創業時の心の結びつきというのは、今でもそれしかないわけですが、組織はその時その時に必要な物は必ず作っていきました。

たとえば、掘立小屋の中に機械をおいて、物を作るとすれば、プロセスごとに区切りを入れます。必ずついたてを作る。大工さんを入れてベニヤで仕切りを作る。そして見通しができるようにガラスをはめて、後に廊下をつける。ダラダラするのが一番嫌いなんです。必ず、ビシッビシッときめないと気が済まない。それで、会社が大きくなると惜しげもなくそれをぶっこわして、その時の規模に応じた形でプロセスを組み直す。また間仕切りをする。よその人から見れば、「そんなことをするのはバカげている。金もかかるし、どうせ大きくするんだから、当分はとりあえずでいいじゃないか」ということになりますが、そういうことは大嫌いなんです。

瞬間で固める。今必要な組織で固定します。そして、固定した瞬間に破壊が始まる。発展というのは建設と破壊の繰り返しなんです。「スケールが大きくなればどうせ固めるのだから、今はどうでもいいじゃないか」というのは絶対だめですね。無駄なように見えますが、必ずその瞬間における型というのはありますね。そして、型から型へ移る時というのは破壊ですね。

それで、大きい組織になると、どこでロスが出ているかわかりませんから、それが明確になるように、非常に小さい細胞に分裂させています。この厳しい世の中で、中小企業のおやじさんは、儲からん仕事でも儲かるようにして生きてるでしょう。企業の中に、その中小企業と同じような根強い組織体を生かすような組織にしようというのが、京セラの〝アメーバ経営〟の方法です。

このアメーバ組織の長はそこの経営全般を任されています。物を買う時は本社の許可がいりますが、物の選択、人、納期、品質の管理までこのアメーバがします。品種でわけた細胞もあり、工程でわけたものもあります。

――細胞の収支決算はどういう形で。

それは、一時間あたりいくらの付加価値を生んだかという計算をします。もし、利益をいくら出したという計算をすると、その細胞が社内でいばるとか、給料が高くてもええやないかということが出てきます。しかし、報酬制度とか業績評価によって人を釣るということは、好きじゃない。能力のある者はそれを提供して、集団全体をよくしていこうという考え方ですから、付加価値で考えていくわけです。だから、細胞のいいところも悪いところも、ボーナスも給料も同じです。

株は紙きれにすぎない

――業績によって人を評価しないという考え方はどこから来るのでしょうか。

これはプラス面もありますがマイナス面もあります。私の人生観から来ることなんですが、努力していることを評価する。実績じゃなしに努力を買うという行き方をしています。アメリカへ行って見て来た結果です。

アメリカでベンチャービジネスを始めると、みんな株をもつことになる。業績が悪ければどんどん辞めて瓦解する。逆に非常にうまく行ったとすると、アメリカでは店頭株で出せますから、最初一株二五セントで買った物が四、五年で一〇～一五ドルになる。五万株持ってるとすると、一生かかってもたまらないような金になる。ついには売って辞めることになる。成功してもバラバラ、その逆に失敗してもやはりバラバラ。だから、物を追っかけた場合には必ずそうなると思いますね。報酬制度でもそうだと思います。

うちの場合、みんな株を持っておりますが、株価が高いからみんな売ってしまって、会社がガタガタになってしまっても不思議はない。三〇代の幹部だったら億単位の株価になりますからね。だから、「株は金とは思うまい、紙きれなんだ」というのがわれわれの約束ごとです。

金がない時にも勇気をもってやってきたし、金のあるなしで人生観が変わるなんておかしいじゃないか、今までやってきたことは嘘だったのか——そういうことに対しては禅僧の戒律みたいなものがありますね。

しかし、中にはそのとりこになって辞めていく人もあります。でも、それは仕方がない。人間の心は強いものでもあり、弱いものでもあるわけですから。

私が社員に株を持たせるといったときに、コンサルタントの田辺さんが、「経営の民主化みたいな調子で社員に株を持たせるな。社員に持たせて瓦解した企業はいくつもある。非常に危険だ」

と言われましたが、それでも私はやった。株を金と思うからそうなるんであって、株を紙と思えばなんということはない。

見ておられたらわかると思いますが、二部上場した会社の株はみんな高値になる。株が何倍かになるものですから社員は金ができる。金がなくて一生懸命努力してきたのに、それに酔ってしまって、上場後は伸び率は落ちている。不思議ですね。金がなかったから頑張ったんであって、金が見えてくるともうやらないのか。人間というのは浅はかなものだという気がします。

そういう物にとらわれないものを、経営のベースに一本線を引っ張っておかなくてはいかんと思います。私など、「あんた今でも忙しく走り回ってるらしいけど、アホとちがうか。これだけ立派な企業になって、ちょっとは余裕をもてばいいものを。お前は世の中の金を全部取らな気が済まんのか」などと言われますね（笑）。

しかし、全然違うんです。二千何百人もいて、海外に工場があって、ここまで来れば来たでやっぱり不安です。どう安定させていくかを考えると、一寸先が見えませんね。つねに不安感と危機感がある。それで自分を駆り立ててる。私はボヤーッとしていると、すぐ次の新しいことを考えるから、結局、自分で考えては自分で追われて走り回っている感じなんですけども、世間の皆さんは、それを金や地位や名誉に直接結びつけているようですね。私はお金を持ったつもりは毛頭ありませんよ。ある雑誌では、私の持株と株価を掛けて、私が何百億の資産家などと書いたりしてましたが、私が自分の株を売ったら皆びっくりして、だれも買いませんね。会社がおかしくなります。売って金にできるものではないんですよ。

――京セラの存在理由は、利潤追求にはないということでしょうか。

いや、利潤は追求しなきゃならんと思います。お客さんの求めているものを誠実に供給してあげる。その結果がわれわれの利潤になっていると考えております。同じ規模の企業でも利益が大きい会社は、税金を納めることによって非常に国家社会に貢献している。だれもそのことは評価してくれませんが……。「儲けすぎや」としか言われません。

それから、たとえばうちには会社の運転手が一人しかいない。私が走り回ったりお客さんを送り迎えするのに一人しかいない。よその会社でしたら、重役一人に一台の車がつくでしょうが、うちはそんな無駄な金は一文も使わない。本質的に考えて無駄だと思うものは皆省いてます。

大八車で夜鳴きうどん

――ベンチャービジネスから出発して中堅企業になり、そして大企業になる過程で、普通の大企業になってしまっては意味がない、二十一世紀の大企業の形に挑戦したい、ということをおっしゃってますが。

精神的には、幹部社員も含めてまったく中小企業ですよ。新しい形の大企業は、ベンチャービジネスが伸びた形でないといけないと思っています。ベンチャービジネスは本質をついているからです。大企業はいっぱい人が集まって補佐し合っているから、安定しているようには見えますが、非常に無駄がある。

大企業の社長でも、貸借対照表を本当にわかる人は少ないと思います。それは自分で商いをし、自分で貸借対照表を作っていないからです。体で経営ができている人は独立して企業を作ってもおかしくはない。そういう人の集合体でなければならない。大企業ではとかく組織という名のもとに専門化され、何人かいないと決断できないということになる。

無駄は省くのじゃなしに、無駄が出ないように育てていかなければならない。出来あがったものから無駄を省こうと思っても、それは困難です。

うちの役員の登竜門というのは、資本金五万円を渡して大八車で夜鳴きうどんを引かせる。その一カ月の収益をとって最も成績のよかった者を役員に登用するということを、制度化しようやと言ってるんですけどね。

その時には汁をどうして作るのか。かつおぶしをいっぱい入れたらおいしいでしょうが、採算が合わんでしょうし、愛想とか場所も関係してくるし、インチキは通りませんでしょう。

――今後どういうことを。

まだまだ、いろんな可能性のある材料をやっているわけですが、今、ジャパン・ソーラー・エナジーという会社で太陽電池の開発を、シャープ、松下電器さんとやってます。うちの材料でいろんなことをやっているわけですが、うちの材料同士を結びつけるとまた変わったことができる。将来は、うちでなければできないというデバイスを作る。それは宝飾分野かもしれないし、エレクトロニクスの分野かもしれないし、あらゆる分野で可能だという気がしますから、半分寝んでも楽しいです。

二十一世紀に向かう企業集団

——評論家の相良竜介さんがおやりになっている朝日放送大学の〝二十一世紀セミナー〟で堀場製作所の堀場社長と対談なさってましたが、そこで稲盛社長は〝中堅企業の連合体〟というイメージを語っておられますね。

中堅企業の本当にフェアな連中だけで、金をベースにしないで、そうなってほしいと思っているんです。立派な企業はいくらでもあるし、それがいい意味で合同合併する。組織としては独立性をもっていいですが、全部寄って株式を出しあって一つの会社にしてしまう。そうすると、あらゆる分野に派生できるし、新しいタイプの素晴らしい企業ができるんじゃないかと思いますね。現在、日本の中堅企業で世界に通用するのはいくらもあるわけで、それを事業部単位ぐらいで集合する。資本金三〇〇億円ぐらいの、素材から分析機器までもったすごい物ができる。しかも、どの部門をとっても、世界の逸品というやつができると、世界の自由経済の中で大変な力を発揮するだろうし、そういうマインドをもった連中がおらんかなと思います。

今は、吸収されるのがいやという人が多いから成立してないんですが、それならそれでいいから、連合体を作って、ボード・オブ・ミーティングみたいなものを作って社長が集まってコンセプトをまとめあげる。そして兄弟会社とする。せめて、社長同士が集まって協議、相談していくというふうなものから始まってもいいのではないかと思ってます。

京都でベンチャービジネスが起こって、中堅企業にまでなった。それから先どうするのか。二十一世紀に向かう日本の企業集団のあり方を考えてもいいのじゃないか、ボツボツそういう動きが出てきてもいいでしょう。これは世界中、どこにもない。本当はもっと理論的に組み立てて、相良さんや堀場さんらと組んで一大提案という形で世に問うべきかもしれません。

今までは買収につぐ買収を通じての多角化が一般的ですが、これは自発的な、異業種大同合併ですね。いい意味でのコングロマリットができます。日本の大同合併は、一方がつぶれかけているときですね。そうじゃなくって、両方ともピンピン生きていて、それだけでも十分やっていけるものばかりが集まらないと意味ないですね。出版から銀行業務まで集まった、世界で最も強烈な新しい企業体ができると思います。

社員とのコミュニケーション

――稲盛社長のような思想をもっていると、社員とのコミュニケーションが大変大事なものになると思いますが。

それは実にもう痛切にその問題で困ってますねえ。ミドルの人に、私の考え方を社員たちに伝えて言ってくれるようにと言っておりますが、その人たちと話をする機会もだんだん薄くなってきている。そのギャップに悩んでおります。

新しい開発を次から次と自分でやるもんですからその仕事をやり、マーケットを作りに走っており、ほかの社長さんのようなお付き合いもあまりしないんですが、それでも時間がなくなって社員とも会えない。

今一〇本くらい新しい開発テーマのプロジェクトチームを作ってやっていますが、それが一段落つきかけですから、それが工業化されている間、また工場を巡回して歩き、工場も直すべきところは直さないといけない。工場の社員からも、社長が来てくれないというクレームやら甘えやらがあり、対話もしなければならない。昔はよくコンパをやり、酒を汲みかわしながら人生について語ったりしたのですが、忙しいということでなかなかやられてないところもある。どうしても人の心がまとまらない。一番懸念していることです。私の考えていること、私の人柄を、じかに話をし合っていくことによって理解でき、いろんな労働問題も未然に防げるはずなんですが、今組合といい対話ができるというのは過去の産物であって、今やってないことは将来に問題を残すことになります。

――人間の思想は、一対一のコミュニケーションの中でしか本質的に伝わらないという気がするのですが。

そうです。ですから、伝えていこうと思うと膨大な時間を要することになります。一番下《げ》なのは、みんなを集めて一席ぶつことで、これは耳から入って耳へ抜けていきます。それよりも、サシで話をすることですね。だから人間の力というのは弱いもんですね。宗教家は、何千人もの信者を集めて号泣させるわけですから、偉いと思います。

私が私であることの意味

――それから、自分に能力があるからといって、そこで得たものを自分だけのものにするのは神の摂理に反する。皆で分かち合うべきだ、という考えをお持ちのようですが、大変宗教的なものを感じます。その考え方の根源は。

前にお話ししました宗教的なバック・グラウンドから出ているのと、実際の体験からです。たとえば、私が今、京セラの社長をやっているということが自分自身信じられません。会社は株価からみても財務内容から見てもすぐれた会社ですが、一六年前を思うと信じられません。偶然と言っていいくらい、神のいたずらと言っていいくらいです。

それでこう思うんです。私が私であることはまったく偶然であって、私の両親が非常に優秀で、兄弟が非常に優秀であるわけではない。いろんなプロバビリティというか、生まれてきた子どもの資質はもちろん大事ですけども、育ってきた境遇とか、あらゆるものが作用し、病気というアクシデントが人間を作るのに役立っている場合もあり、二度と作れないかもしれないプロセスで人間はできるわけです。ということは神のいたずらであって、私はある確率で神がばらまいたものの一人にすぎない。

人間の質を、環境も含めて、生まれた時もっていた能力も含めて、ABCとランクづけたとしますと、ABCの順でピラミッド型になっていく。それはだれそれの子どもに生まれたから優秀だということじゃなしに、神がパラパラとまいてみただけである。私が、日本の中でちょっとマシな経営者の一人になり、何千人かの人をお世話せないかん、これは何も私である必要はないんです。ある大学の教授かどこかの建設作業員であっても構わんようなわけで、社会はそういうものです。

だれも、自分はこういう能力をもって生まれたということを思って生まれたわけではない。たまたまそういうめぐり合わせになっただけです。能力があっても、境遇が違えば、どんなにグレてるかもわかりません。自分が今ここにいる必然性は何もない。たまたまそうでなければ社会が成り立たないから、神がそう作ったのであって、とすれば、仮の姿でそうさせられているだけであって、能力があるからといって、それを使って得たものを私有化することは非常な罪悪なんです。それを、とかくオレがオレがと言うもんだから、世の中がおかしくなっていくという気がしてしようがないんです。オレではなくてもよかったはずやと思えば、もっと謙虚になれるはずです。

たまたま、みんなのお世話をするように位置づけられたと理解すべきであると、自戒する意味でもそう思っているわけです。

私の場合、本当に実感でそう思います。ここにいる浜本君によく言うんですけども、高校を出て面接で会ったときは、鳥取から出てきたばかりで、昼メシをたらふく食ってヘソを出した腹をなでて野球して走り回ってという、そういう出会いなわけです。努力は確かにしましたけれど、私はうまいことに健忘症で、古いことは忘れることになっていて、今日から未来にかけてのことしか考えない。ですから、今日も、ほかの人が昔のことを覚えているだろうと集まってもらったわけです。

考えてみりゃ、辛かったという思いもしませんし、第三者から見れば、毎晩毎晩遅くまでやっているから、辛かろうと思うかもしれませんが、結局、その瞬間瞬間に喜んで仕事をしていたような気がします。今でもそうです。ですから、苦労して今の地位と今のものを築きあげたという気もありませんし、今でも、昔と変わらないし、そう偉くなったという気もありません。

どうも、エモーショナルな話ばかりになりましたが。（聞き手／加藤勝美）